Darío Salas Sommer

[OPERATIVE PHILOSOPHIE]

Darío Salas Sommer

Kosmische Währung
Der höchste Reichtum

Dieses Buch wurde auf chlorfreiem Papier gedruckt.

© 2013 Dario Salas Sommer
Alle Rechte vorbehalten
1. deutsche Auflage, 2013

Veröffentlichung in der Reihe Operative Philosophie
DIASPRO INVESTMENT Ltd.,
64, Omirou Street, „Imperium Tower",
Limassol, CY-3096, Cyprus

Umschlaggestaltung, Illustration: RP Art
Lektorat, Korrektorat: Astrid Posegga
Übersetzung: Global Translate GmbH

Druck & Herstellung: GGP Media GmbH, Karl-Marx-Straße 24, 07381 Pößneck
Vertrieb im Synergia Verlag
www.synergia-verlag.de

ISBN 978-3-939272-83-0

Bibliografische Information der Deutschen Nationalbibliothek:

Die Deutsche Nationalbibliothek verzeichnet diese Publikation in der Deutschen Nationalbibliografie; detaillierte bibliografische Daten sind im Internet über http://dnb.d-nb.de abrufbar.

Vorwort

Die „kosmische Währung" erleichtert materiellen Reichtum und führt, anders als herkömmliches Geld, zu spirituellem Überfluss.

Die Chancen auf ihren Besitz sind für alle gleich. Würden sie genutzt, könnten sie den Aufstieg der Besitzlosen bedeuten und der Ausbeutung des Menschen durch den Menschen ein Ende setzen.

Ich meine damit ein transzendentales, von den Gesetzen des Kosmos getragenes Geld, dessen Tauschwert im gesamten Universum erhalten bleibt. Dieses hat nämlich eine im höheren Sinne des Wortes merkantilistische Struktur. Das höchste Gesetz lautet: „Nichts ist umsonst", denn alles wird gekauft, verkauft oder getauscht. Die Erwartung des Kostenlosen ist eine selbstgefällige Einbildung des Menschen, die mit dem wirklichen Leben unvereinbar ist.

Die Anwendung der „kosmischen Währung" würde das Ende der materiellen und spirituellen Armut in ihrer tiefsten Bedeutung ermöglichen.

Um welche Art von Geld handelt es sich aber? Freilich um keines aus Papier oder Metall. Es besteht aus unvergänglichen, hochkohärenten Energieeinheiten, die durch die Entwicklung des höheren Bewusstseins erzeugt und akkumuliert werden. Diese Einheiten ermöglichen, wenn sie mit der kosmischen Natur in Resonanz treten, den Austausch von Gütern, wie ich in diesem Buch darlegen werde.

DARÍO SALAS

Ich sollte darauf hinweisen, dass es sich hier nicht um eines dieser gefälligen Selbsthilfebüchlein handelt, die ihre Leser auf verantwortungslose Weise dazu anhalten, sich irgendetwas zu wünschen und es bei einem Universum zu bestellen, das angeblich nur auf die verschiedensten und abwegigsten Wünsche wartet, um sie schnell und folgsam, ohne Ansehung des Verdienstes, zu erfüllen. „Kosmische Währung" bezeichnet einen konkreten materiellen Prozess, durch den wir die bescheidene dreidimensionale Welt transzendieren, unsere kognitiven Funktionen in höhere Dimensionen erheben und schließlich menschliche Exzellenz erlangen können. Dabei sollte man jeden Versuch der willkürlichen, also von wirklichem Verdienst und tieferer Untersuchung absehenden Erfüllung von Wünschen von vornherein aufgeben. Grundsätzlich gibt es zwei Arten von Wünschen: einerseits die willkürlichen, geltungslosen, die aus Leidenschaften oder Launen hervorgehen und jeder natürlichen Gesetzlichkeit entbehren, weil sie der Natur gegenüber kein Verdienst vorzuweisen haben; andererseits die Wünsche, die auf der Weisheit eines höheren Bewusstseins gründen, das Güter oder Werte nur in dem Maße nimmt, in dem es selbst, in einem Austauschprozess, eigene Güter und Werte gibt. Das höhere Bewusstsein ist nicht angeboren und existiert nur latent, weswegen es entsprechend den Grundlinien, die ich in meinen Werken bestimmt habe, entwickelt werden muss. Der Mangel an Weisheit zur Wahl von Wünschen, die wirklich im tiefen Sinne vorteilhaft sind, kann sich beeinträchtigend oder schädlich auf unser Leben auswirken, aber diese Gefahr lässt sich frühzeitig erkennen, wenn wir ein *multidimensionales* Bewusstsein, eine höhere und vollständige Sicht entwickeln. Höchstes Ziel dieses Weges der „kosmischen Währung" ist die Erlangung menschlicher Exzellenz durch eine technische Spiritualität mit konkreter wissenschaftlicher Basis.

Darío Salas Sommer
März 2011

I

Was ist das Leben?

Das Leben erscheint als ein geordnetes und geregeltes Verhalten der Materie, das nicht ausschließlich auf der Tendenz gründet, von der Ordnung zur Ordnungslosigkeit überzugehen, sondern teilweise auch auf einer bestehenden, sich erhaltenden Ordnung. Seine überraschendste Eigenschaft ist die, dass es sich entgegen dem Fluss der Zeit nach oben bewegt. Das Leben steht in paradoxem Widerspruch zum zweiten Hauptsatz der Thermodynamik, nach dem sich stets alles nach unten, in Richtung Gleichgewicht und Tod bewegt hat, bewegt und bewegen wird. Das Leben entwickelt sich vielmehr zu einer höheren Komplexität und ist durch eine allgegenwärtige Unwahrscheinlichkeit gekennzeichnet. (Erwin Schrödinger, Nobelpreis für Physik 1933: Was ist Leben?)

Das Leben ist eine implizite Ordnung, von der die materiellen Prozesse erhalten und reguliert werden. Die Mechanik dieser Ordnung lässt sich nur durch die Wirkung höherer Dimensionen erklären. Diese liegen jenseits unserer physischen Wirklichkeit, die eine Zusammensetzung aus lediglich drei Dimensionen vortäuscht.

Da das Leben nicht von der Natur getrennt werden kann, stellt sich nun die Frage, was Natur ist. Das Wörterbuch der Königlichen Spanischen Akademie definiert „Natur" („naturaleza") als „die Gesamtheit, Ordnung und Zusammensetzung von allem, was das Universum bildet".

Eine Interaktion mit der Natur erfordert es also, dass ihre Gesetze und Prinzipien gewahrt werden. Wissenschaftlich gesehen erhält sich unser Leben durch den Austausch virtueller, masseloser Teilchen, sodass unsere tagtägliche Wirklichkeit auf der Wechselwirkung zwischen irdischer und himmlischer Natur gründet. Dasselbe vollzieht sich in unserem materiellen Körper, in dem der leibliche Teil einen Pol, der Geist einen anderen darstellt. Allerdings bewohnt dieser Funke des Ganzen unseren physischen Körper in einer Art Winterschlaf, solange ihm nicht die „dritte Kraft" zuteil wird, die der Mensch nur durch eine höhere Verarbeitung seiner täglichen irdischen Erfahrung erzeugen kann. Vorbedingung dazu ist die geistige Entwicklung eines höheren Bewusstseins, das ich nur durch folgende Definition erklären kann: „Gesamtheit der in einem Zustand potenzierter Wachsamkeit erfahrenen Wahrnehmungen". Es geht also darum, in einem tagtäglichen Zustand intensivierten Sehens und Verstehens zu studieren, zu leben, zu fühlen und zu denken. Je zahlreicher die Erkenntnisse und Erfahrungen, die im Zustand höheren Bewusstseins verarbeitet werden, umso höher der Entwicklungsgrad eines Menschen, entsprechend der in diesem Prozess erzeugten Energie. Um welche Art der Kraft könnte es sich hier handeln? Meines Erachtens kann die Erklärung nur in einem Begriff liegen, der dem unter den alten Alchemisten geläufigen Gedanken des Steins der Weisen ähnelt, allerdings angewendet auf die echte spirituelle Entwicklung als einzigen Weg zur individuellen Entwicklung innerhalb des Universums. Was ist übrigens die wahre Entwicklung? Spirituelles Wachstum im wörtlichen Sinne einer materiellen Ausdehnung als Energiefeld, das der universalen Quintessenz ähnelt. Wenn es uns gelingt, unseren Geist wachsen zu lassen, werden wir die Spiritualität und also einen bestimmten Entwicklungsgrad erlangen: Darin besteht der Zweck unseres materiellen Lebens. Ich bin davon überzeugt, dass die menschliche Exzellenz in evolutionärem Sinne einen Vorteil für die universale Intelligenz bedeutet, die wir Gott nennen, und dass dieser dadurch auf gewisse Weise etwas erhält, das ihm fehlt. Woran könnte es Gott fehlen? An großen Mengen spiritueller Quintessenz für das Wachstum der universalen Ordnung bei Wahrung des instabilen Gleichgewichts zwischen Ordnung und Chaos. Wenn mir die humoristische Bemerkung gestattet ist, so würde ich annehmen, dass auch „der Höchste" die Schwächen und Gefahren eines Zustandes der Verletzlichkeit erleben muss, um „das Blut" seiner alten kosmischen Adern schneller fließen zu lassen und die Verjüngung und Befriedigung zu erfahren, die eine Entwicklung in einer umfassenden, spirituellen und materiellen Wirklichkeit bedeutet. Energie als Materie und Materie als Energie. Im Persönlichen kann ich den höchsten Schöpfer nicht als statisches, sondern nur als dynamisch-evolutionäres Wesen begreifen.

Wenn wir von den Weiten des Universums zu unserer materiellen Wirklichkeit herabsteigen, finden wir uns unter der unerbittlichen Herrschaft der Entropie, wie sie der Physiker Rudolf Clausius im Jahr 1868 erstmals als zweiten Hauptsatz der Thermodynamik definiert hat. Clausius hat beobachtet, dass in einem geschlossenen System die Differenz zwischen Energieebenen stets zum Gleichgewicht neigt. Wenn ein glühendes Holzscheit aus dem Feuer genommen wird, beginnt dieses selbst zu erkalten und die Luft um es herum zu erwärmen, bis beide – nach gewisser Zeit – ein und dieselbe Temperatur erreicht haben. Seine Energie kann dann nicht mehr genutzt werden: Sie ist nicht verfügbar. Die Entropie ist das höchste Gesetz, nach dem sich die gesamte Wirklichkeit des Kosmos richtet, und sie liefert das Maß für die Nichtverfügbarkeit von Energie im Sinne von deren Wirkung in einem geschlossenen System. Dadurch geht eine höhere Entropie mit geringerer verfügbarer Energie einher. Die Entropie ermöglicht auch eine Vorstellung von der Ordnungslosigkeit eines Systems: Je höher die Entropie, desto höher auch die Ordnungslosigkeit. Ebenso besteht ein Verhältnis zur Wahrscheinlichkeitsrechnung: Etwas ist umso wahrscheinlicher, je mehr Entropie besteht. Da das Leben von allem am unwahrscheinlichsten ist, besitzt es auch die geringste Entropie.

Die spirituelle Ebene unterliegt jedoch nicht dem Gesetz der Entropie, da der Geist die höchste und subtilste Dimension darstellt, die ich „Quintessenz" nenne. Die Annäherung an das Spirituelle ist nicht von Gefühlen, vom Glauben oder von paranormalen Visionen bedingt, sondern von Quantität und Qualität der Energie, die beim Versuch einer Reise zur menschlichen Exzellenz synthetisiert werden kann.

Der Ausgangspunkt auf dem Weg zur spirituellen Ebene befindet sich in der materiellen Welt, in der alles zur Ordnungslosigkeit neigt – auch unser physischer Körper, der aufgrund der Entropie schrittweise verfällt, bis er zu existieren aufhört.

Energie bewegt sich immer von konzentrierteren zu weniger konzentrierten Zuständen, wie in dem klassischen Beispiel der beiden durch eine Tür verbundenen Zimmer: Das erste Zimmer wird beheizt, das zweite nicht. Wird die Tür geöffnet, so neigen die Temperaturen beider Zimmer dazu, sich einander anzugleichen, wobei die Energie von dem wärmeren Bereich in den kälteren fließt. Die Gesamtmenge der Energie im Universum ist konstant, und die Gesamtentropie wird stetig höher. Die Vernichtung oder Erzeugung von Energie ist demzufolge unmöglich in einer Welt, in dem die verfügbare Energie allmählich schwindet und der entropische Prozess zwar Alterung und Tod des physischen Körpers nach sich zieht, dessen Energie jedoch nicht altert und stirbt, sondern umgewandelt wird. Schrödinger hat nach dem bestimmenden Merkmal des Lebens gesucht und sich gefragt, wann ein Stück Materie als lebendig angesehen kann. Seine Antwort lautete: „Wenn es weiterhin etwas tut", also sich bewegt oder in materielle Wechselwirkung mit seiner Umwelt tritt. Der dauerhafte Zustand – in dem sich kein beobachtbares Ereignis vollzieht – wird als thermodynamisches Gleichgewicht oder „maximale Entropie" bezeichnet.

Lebende Organismen erhalten ihre Dynamik und vermeiden das Gleichgewicht, indem sie essen, trinken und atmen. Die wichtigste Quelle ist jedoch das Sonnenlicht, das die Pflanzen erhalten.

Zudem ist es offensichtlich, dass unser Körper unabhängig von der Menge an verfügbarer Energie, die wir aufnehmen, altert und letzten Endes stirbt.

Es gibt allerdings Möglichkeiten, den zum thermodynamischen Gleichgewicht (zum Tod) führenden Verfall zu verlangsamen, durch die eine harmonische Wechselbeziehung zwischen Körper und Psyche hergestellt und dadurch der homöostatische Prozess optimiert wird, der ein instabiles Gleichgewicht ermöglicht.

Ein Mensch kann so ein höheres Alter oder ein kürzere, aber qualitativ höhere Existenz im Sinne eines höheren Entwicklungsgrades erreichen. Zu diesem Zweck kann man lernen, eine höhere Menge an verfügbarer Energie in Ordnung, Harmonie sowie geistige, emotionale und psychologische Kohärenz umzuwandeln, wie ich im Laufe dieser Arbeit zeigen werde.

Es ist eine unumstößliche Tatsache, dass die uns zur Verfügung stehende Energie kaum hinreicht, um unseren Körper am Leben zu erhalten, und dass die einzige Möglichkeit einer Entwicklung hin zu höherer Vollkommenheit darin besteht, dichte Energie zu einem subtileren Zustand zu sublimieren.

Wahre Spiritualität ist also weder eine philosophische Abstraktion noch ein religiöser Glaube, sondern eine Himmelsreise, für die wir einen in außerordentlichem Maße geistigen Treibstoff benötigen, wie später noch zu erläutern sein wird.

Zurück zum Begriff der „kosmischen Währung": Stellen Sie sich vor, Sie sind in diesem Augenblick materiell und spirituell besitzlos und leiden vielleicht an dem Ressentiment, das mit einer solchen Situation bekanntlich einhergeht.

Sicher verstehen Sie, worin der Kapitalismus besteht, und kennen die Marxsche Theorie der „Ausbeutung des Menschen durch den Menschen". Ich nehme an, dass Sie im Verlauf dieses Buches sehen werden, wie sich eine höhere Ebene erreichen lässt, die diesen traditionellen Gedanken überwindet.

Wie präsentiert sich nun die monetäre und wirtschaftliche Situation in der Welt?

Es scheint offenkundig, dass die von Moses verworfene Anbetung des goldenen Kalbes (Exodus 32) weder verschwunden noch zurückgegangen ist, auch wenn der Goldstandard als monetäre Grundlage inzwischen abgeschafft wurde. Im Gegenteil hat das virulente und unersättliche Verlangen nach Reichtum noch den letzten Winkel des Planeten erreicht. Grundlegende wie überflüssige Bedürfnisse sind enorm gestiegen, und deren Befriedigung zwingt zu einem erbitterten Kampf um Geld, dessen Überfluss in Form von Reichtum mit dem Gold als Symbol untrennbar verbunden bleibt.

Reichtum ist in unseren Köpfen „Gold", selbst wenn es im Bereich des Praktischen nur noch ein Symbol darstellt, nachdem sich das Gold in einfaches Papiergeld ohne immanenten Wert verwandelt hat.

Die Entwicklung von Kapitalismus und Vermarktungstechnik führte zur Schaffung überflüssiger Bedürfnisse, wodurch das Bedürfnis nach Reichtümern wiederum wuchs und sich die zügellose Anbetung eines nunmehr modernen, virtuellen goldenen Kalbes verbreitete – diesmal allerdings ohne einen „Moses", der Einhalt gebieten könnte. Leider haben das Geld und die mythische Macht des Goldes den Menschen vollkommen entfremdet.

Man könnte meinen, eine gewisse Art von „geistigem Virus" hätte eine Verhaltensänderung von solchem Ausmaß herbeigeführt, dass der Mensch nun im Dienst des Geldes steht statt umgekehrt. Vielleicht ist es zu diesem Wertewandel wegen der maßlosen Glorifizierung des materiellen Reichtums gekommen, der als höchstes Ziel zur Erlangung von Macht, Ansehen und gesellschaftlichem Gewicht angesehen wird, so als wären alle, die kein Geld in Überfluss besitzen, Bürger dritter Klasse.

Dieses Streben, das in so vielen Kulturen das Geldkapital zur höchsten Errungenschaft eines menschlichen Lebens erhebt, hat den Geist der Menschen schließlich vollkommen entfremdet und die

Überzeugung verbreitet, dass kein anderer Reichtum gelte als der an Gold. Dieses aber verdient man nur durch lange und erschöpfende Tage der Hingabe an eine wettbewerbsbedingte, erbarmungslose Arbeitswelt, und die Plackerei endet üblicherweise erst durch Krankheit, Alter oder Tod.

Wer beim Geldverdienen weniger erfolgreich ist, träumt von der Gunst eines paternalistischen Staates, während trübe Seelen den kriminellen Weg wählen, um ihr Streben zu befriedigen.

Vom Geldmangel getrieben, macht beinahe jeder Mensch Schulden, deren Zinsen die Situation nur noch verschlimmern. Zudem werden sie im Allgemeinen niemals vollständig getilgt, sondern immer wieder verlängert oder durch neue Schulden ersetzt, sodass die Rückzahlung zu ständiger Mühe und Anstrengung zwingt.

Massive Konsumpropaganda führt ihrerseits dazu, dass es schwierig ist, sich dem Schuldenmachen und den mit ihm einhergehenden Stresserscheinungen zu entziehen.

Das Volk setzt seine Hoffnungen nacheinander in verschiedene politische Systeme, denn es ist davon überzeugt, dass der Ausweg aus Armut oder Mangel nur in einer staatlichen Verordnung bestehen kann, mit der die Reichtümer des Landes gerechter verteilt werden – wenn nicht gar in Revolution und Enteignung.

Verschiedenste gelehrte Wirtschaftstheorien unternehmen den Versuch, diese Situation zu erklären oder zu rechtfertigen, aber die von ihnen empfohlenen Mittel der Abhilfe sind bisher gescheitert, obwohl die Ökonomie als Gesellschaftswissenschaft dazu in der Lage sein sollte, einen wirksamen Beitrag zur Schaffung von allgemeinem Reichtum zu leisten. Meinem Eindruck nach hat das monetäre und wirtschaftliche System mit seiner Ehrfurcht gebietenden Struktur den Menschen ein geistiges Trauma zugefügt: Einerseits verkündete es den Satz: „Ohne Gold kein Reichtum"; andererseits machte es deutlich, dass das Edelmetall oder seine Stellvertretung äußerst flüchtig sind und nur einigen wenigen in großen Mengen zuteil wird.

Ich meinerseits würde diese würde diese Situation mit dem Stichwort „Adamssyndrom" („Im Schweiße deines Angesichts sollst du dein Brot essen") umschreiben, da die überwiegende Mehrheit der Menschen mit dem Gefühl lebt, dass – in symbolischem Sinne – das eigene Einkommen kaum für das tägliche Brot ausreicht. Das Problem liegt in einem menschlichen Denken, das den Reichtum nach „außerhalb" verlegt, an einen geheimnisvollen Ort, an dem der Reichtum an Gold vermutet wird – seien es der Staat, die Banken oder einfach ein „Klub der Millionäre". Diese Überzeugung führt zu geringer Selbstachtung und versetzt fast alle Betroffenen in erhebliche psychologische und materielle Abhängigkeit von den Kapitaleigentümern.

Die meisten glauben, dass der Überfluss für sie unerreichbar ist und nur den Mächtigen gehört. Ihnen bleibe also nichts anderes übrig, als zu resignieren, ihre verdeckte Knechtschaft zu akzeptieren und den Spielregeln zu folgen, die das System diktiert.

Eine erhebliche Verschlimmerung des wirtschaftlichen Problems geht auf die maßlose Verbreitung des Konsumangebots zurück, das täglich in Presse oder Fernsehen lockt und die falsche Erwartung weckt, dass die verschiedenen Konsumgüter zum Greifen nahe seien und es beinahe ein angeborenes Recht gebe, sie zu besitzen. Damit steigt demzufolge ständig die Geldmenge, die für den Erwerb der immer vielfältigeren angebotenen Güter erforderlich ist. Viele dieser Güter galten einst als Luxus und sind auf schleichende Weise zu unverzichtbaren Dingen geworden, wodurch sich die Gesamtsumme der verfügbaren Waren immer wieder erhöht. Davon ausgelöst entwickelt sich das Bedürfnis nach Geld in einer unaufhaltsamen Spirale, die hauptsächlich durch den Kredit gedeckt wird. Ist die höchstmögliche Schuldenlast einmal erreicht, stellen sich Enttäuschung, Unzufriedenheit und Beklemmung ein, da nun nicht lediglich die Rückzahlung der Schulden und Zinsen ansteht, sondern auch mit einem Mal der Fluss an „Kreditgeld" ausbleibt, der bisher aus den verschiedenen Darlehen hereinströmte.

Kosmische Währung

Dieser Umstand verstärkt den Eindruck, dass der Zugang zum Reichtum nur über Banken oder staatliche Hilfen besteht, was das Gefühl persönlicher Frustration und Entwertung noch steigert.

Die große Masse der Arbeiter in der Welt lebt in dem Traum revolutionärer Utopien, die wie durch ein Wunder ihre Lage bessern sollen, und setzt ihre Hoffnungen in demagogische politische Ideologien oder in finanzielle Glückspiele, die ihnen einen besseren Zugang zu den verschiedensten Gütern versprechen.

Wer an Gott glaubt oder einem bestimmten Heiligen ergeben ist, betet zum Himmel um Hilfe, während die Naiveren politischen Führern folgen, von denen sie vergeblich die Abschaffung des Mangels erwarten. Dieses mühselige Ritual wiederholt sich immer wieder in der Geschichte, und doch ist das Problem der Armut niemals gelöst worden – die wirkliche Wurzel blieb stets unangetastet.

Man hat die unleugbare Tatsache übersehen, dass die Überwindung wirtschaftlichen Mangels nur vom persönlichen Talent der einzelnen Individuen ausgehen kann. In gewissem Maße ist es diese Wirklichkeit, die von unserem Denken weder verarbeitet noch akzeptiert wird, was die verdeckte Knechtschaft erhält. Diese kann nur durch einen geistigen „Umbau" abgelegt werden, durch den der wahre Reichtum als in jedem Individuum latent vorhandene Anlage erkannt wird, die nur noch durch persönliche Befähigung aktiviert werden muss.

Allerdings ist daran zu erinnern, dass Geld an sich nicht gleichbedeutend mit Lebensqualität ist, wenn es nicht durch moralische und spirituelle Güter ausgeglichen wird.

Oft wird „Bequemlichkeit" mit „Lebensqualität" verwechselt; der Vorzug gilt dem Luxus und dem materiellen Segen, ihrem unendlichen Gefolge von Technologie, Geräten, Instrumenten und Maschinen, die materielles Vergnügen bereiten sollen. Die tägliche Erfahrung zeigt jedoch einen stetigen Rückgang der wirklichen Lebensqualität: Grünflächen werden verbaut; die Luftverschmutzung, der Schadstoffgehalt von Lebensmitteln und die Lärmbelastung steigen bis ins Unerträgliche; lokale oder landesweite Verordnungen führen zu einer unhaltbaren Bevölkerungsdichte in den verschiedenen Bezirken der Großstädte.

Die steigende Verbreitung von großen Wohnanlagen und Mietskasernen ist unbestreitbar schädlich für das psychologische Wohlbefinden und die Gesundheit ihrer Bewohner. Solche Gebäude bilden geistige und energetische Käfige, und die Großstädte werden zu Kloaken für den entropischen Abfall.

Daneben haben die Seele und der Geist aufgehört, unantastbarer Bezirk der inneren Ruhe und Intimität zu sein: Sie werden ständig mit dem Gehämmer der Information und der Werbung traktiert.

Es ist offensichtlich, dass der Goldreichtum nicht notwendig zu besserer Lebensqualität führt, ja im Gegenteil zu einer Abstumpfung des Empfindungsvermögens führen kann, weil den materiellen Vergnügungen und der Bequemlichkeit allzu viel Aufmerksamkeit geschenkt wird.

Der innere Mangelzustand ist bei den Reichen ebenso akut wie bei jenen, die nicht in materiellem Überfluss leben, denn der Besitz von Gold führt meist zu Abhängigkeit, Verlustangst und erheblicher innerer Leere. Ein besitzloser Mensch dagegen, der den Ursachen seiner Not nachspürt, kann von den Lektionen des Lebens profitieren und sich vielleicht zu einem improvisierten Philosophen mit höherer Vernünftigkeit und menschlichem Empfindungsvermögen entwickeln.

Übermäßige Gier nach Reichtümern führt gewöhnlich zur Vernichtung oder Behinderung von sozialer Solidarität, Großzügigkeit und Barmherzigkeit; dagegen begünstigt sie eine gedankenlose Oberflächlichkeit in den Dingen des täglichen Lebens.

Kosmische Währung

In Wirklichkeit liegt der wahre und einzige Reichtum im Humankapital als Gesamtheit der unentwickelten Fähigkeiten, die sich in latentem Zustand befinden, nicht im Sinne der „gegenwärtigen und zukünftigen Erzeugung von Einkommen auf der Grundlage von Bildung, Ausbildung, Wissen, Fähigkeiten und Gesundheit" (Gary S. Becker, Nobelpreis 1992).

In diesem Fall bezieht sich das Wort „Einkommen" natürlich auf die uns bekannte Art des Reichtums, also auf das Gold in Form von Papiergeld.

Der gnadenlose Wettbewerb um die Ansammlung von Gold führt zu einer starken Aktivierung des räuberischen Teils im Menschen. Die Folgen sind verheerend: Spekulation, Wucher, Ausbeutung, Korruption, Kriminalität, Empfindungslosigkeit, Egoismus, Verlust der Menschlichkeit, Verhärtung der Seele, Vernichtung des Lebenssinns. Nun ist das Gold nicht an sich verdammenswert, aber es hat in seinem Glanz die Macht zur Unterwerfung und kann Kapitalisten wie Besitzlosen die Freiheit rauben, indem es sie an den unerbittlichen Mangel kettet, der sie beherrscht.

Für den unvorbereiteten Menschen ist das Kapital, wenn man es besitzt, insofern eine potenzielle Gefahr, als es eine überhöhte Selbstbewertung und damit eine Geringschätzung der Mitmenschen fördert.

So erweisen sich sowohl die schlecht gelebte Armut wie der materielle Reichtum, der auf gierigem Egoismus gründet, als entgegengesetzte Möglichkeiten, die jedoch beide das Wachstum des Menschen behindern, was die höheren menschlichen Eigenschaften betrifft. Diese befinden sich latent in dem göttlichen Funken, der die Innerlichkeit des Seins bildet, und sind dem Aristokraten ebenso eigen wie dem Bettler.

Die wahre Entwicklung des Menschen besteht darin, sich seiner selbst bewusst zu werden und die latenten Fähigkeiten des Seins zu nähren, aber diese Möglichkeit bleibt von einer breiten Allgemeinheit, die ihr Leben mit der Verfolgung materieller Güter vergeudet, verkannt und ignoriert.

Dagegen ist festzuhalten, dass Reichtum ohne Bewusstsein und innere Freiheit zu einer der schlimmsten Arten von Entfremdung führt, von denen das menschliche Denken heimgesucht werden kann.

Die Sucht nach Geld – und nach den Dingen, die man mit ihm kaufen kann – erstickt die Möglichkeit einer Entwicklung des Seins und öffnet der Überzeugung von der Sinnlosigkeit des Lebens Tür und Tor.

Geld dient aber nur zum Kauf materieller Gegenstände, nicht zur Erlangung von innerem Frieden, dauerhaftem Glück, Weisheit, Spiritualität, innerer Gewissheit, wirklicher Liebe, Freiheit und Einheit mit der Schöpfung.

Ich behaupte nun, dass es eine höhere Art des Reichtums gibt, die keiner der finanziellen oder monetären Wirrungen dieser Welt unterliegt.

Es ist dies der „innere Reichtum" (im Folgenden IR). Er geht weit über die Grenzen des materiellen Überflusses hinaus, da er jedem Individuum latent innewohnt und also von diesem entwickelt und gesteuert werden kann, was seine zeitliche Permanenz garantiert.

Mehr als ein Leser wird sich sagen: Wozu soll dieser innere Reichtum gut sein? Mich interessiert nur die klingende Münze!

Er ist dazu gut, im Hinblick auf eine Entwicklung im Sinne des Seins „sich selbst zu besitzen", eine wirkliche Spiritualität zu erwerben und als Individuum einen höheren Grad menschlicher Vollkommenheit zu erlangen – in dieser Reihenfolge. Die Dinge altern und vergehen, aber das Sein besteht fort und überlebt den Tod.

Er dient auch dazu, all das zu erwerben, was sich nicht mit Geld kaufen lässt, sowie der „Herstellung" oder „Ausgabe" von „kosmischer Währung", der zwingenden Voraussetzung für dauerhaftes Glück, Frieden, Weisheit, vollkommene Liebe und die Überwindung der inneren Leere. Er hilft uns zudem, unsere Fehler zu überwinden und die Probleme des Alltags zu lösen.

Ebenso entwickelt und verstärkt der innere Reichtum unsere Fähigkeit, Geld zu verdienen, denn diese gründet wesentlich auf einer guten Kommunikation mit unseren Mitmenschen und auf einer geschickten „Vermarktung" der eigenen Erscheinung. Diese muss aber im Einklang mit unserem echten Wert stehen, den wir mit Hilfe des IR steigern können.

Er verhilft uns zum Besitz eines Wissens, über das sehr wenige Menschen auf der Welt verfügen. Es könnten Tausende von Büchern über das Thema geschrieben werden – das Geheimnis des IR lässt sich zwar offen verbreiten, erschließt sich aber auf beinahe magische Weise nur jenen, die ein wahres inneres Verdienst vorweisen können.

Böswillige, unwürdige, unehrliche oder korrupte Menschen dagegen müssen in tiefster Finsternis verharren und werden dieses Wissen nicht verstehen, schätzen und ermessen können, denn die Vorbedingung dazu besteht in einem ausgesprochen ethischen und moralischen Verhalten.

Der Unterschied zwischen dem IR und dem materiellen Gold ist in Wirklichkeit derselbe wie der zwischen einem göttlichen Energiefunken und einem Funken, der von einem Stück Holz ausgeht.

Ersterer ist ewig, weil er niemals erlischt, während letzterer äußerst flüchtig ist. Geld ist ebenso vergänglich. Es kann jederzeit verloren gehen und wird im Augenblick des Todes absolut nutzlos und hinfällig.

Gold, Papiergeld und virtuelles Geld sind das gesetzliche Zahlungsmittel auf unserem Planeten. Die Anmerkung ist müßig, dass sie jenseits der Erde keinerlei Wert besitzen und auch innerhalb der Natur kein Tauschinstrument darstellen.

Der „Innere Reichtum" dagegen ist die universale Währung, da er sowohl in der Natur als auch in unserer Kultur einen Tauschwert besitzt.

Es handelt sich also um *den Wert, der die Interaktion mit der Natur zur Nutzung eines Teils ihrer Güter ermöglicht* (X Menge an IR für X Menge an Gütern).

Die Motivation zur Selbstüberwindung liegt im Bereich der inneren menschlichen Freiheit, was aufgrund der Tendenz zur zerebralen, emotionalen und kognitiven Robotisierung des *Homo sapiens* alles andere als leicht ist.

Von diesem „Freiraum" hängt die Größe des „Begreifens und Einsehens" ab. Was aber soll eingesehen werden? Hier einige Beispiele:

- Erstens sind unsere Menschlichkeit und die ideellen Attribute, von deren Besitz wir ausgehen, nichts als eine narzisstische Einbildung, denn in Wirklichkeit sind wir „Tiere im Prozess der Vermenschlichung". Angesichts der tagtäglichen Barbarei, von der die Weltpresse berichtet, bleibt es freilich unklar, ob dieser Prozess fort- oder zurückschreitet. Siehe mein Buch „¿Cuánto vale una persona?" (*Wie viel ist ein Mensch wert?*).

- Wir besitzen kein eigentlich menschliches Gehirn: Ein Drittel bildet das „reptilische" Gehirn, ein weiteres Drittel das „alte Säugetiergehirn" und der Rest den Neokortex, der als „entwickeltes Menschen- und Säugetiergehirn" bezeichnet wird.

- „Das Ich existiert nur als Fiktion, durch die wir dem, was viele unbewusste Prozesse uns zu tun zwingen, einen Sinn verleihen. Das Modul des Ich kann ideologische Blindheit hervorrufen, da Überzeugungen oft im Nachhinein konstruiert werden, um die eigenen Handlungen zu rechtfertigen, und zahlreiche psychologische Experimente mit Menschen durchgeführt worden sind, die ihre Überzeugungen radikal änderten, um Handlungen zu rechtfertigen, die mit ihren ursprünglichen Gedanken nicht vereinbar waren. Um ein Verhalten zu begründen, das in Widerspruch zu früheren Überzeugungen steht, ändern viele Menschen also nicht ihr Verhalten, sondern ihre Überzeugungen. Die Doppelmoral vieler Menschen, die sich selbst als christlich bezeichnen, ist ein gutes Beispiel hierfür. Sie verhalten sich zwar auf unchristliche Weise, können aber die christlichen Moralprinzipien so interpretieren, dass zwischen diesen und dem eigenen Verhalten kein Konflikt entsteht." (Francisco J. Rubia: *El cerebro nos engaña*, Das Gehirn betrügt uns)

Das Bewusstsein als geistige Einheit existiert in Wirklichkeit nicht, denn das Gehirn besteht aus Hunderten von Modulen, die auf verschiedene Reize ihrer Umgebung reagieren. In diesen Modulen schlägt sich die gesamte Evolution des Menschen nieder. Wir legen nun fälschlicherweise das Ich in eines dieser Module und bilden uns ein, es würde alles andere steuern.

„Einer der spektakulärsten Beweise dafür, dass das einheitliche Selbst eine Täuschung ist, stammt von den Neurowissenschaftlern Michael Gazzaniga und Roger Sperry, die gezeigt haben, dass bei Durchtrennung des Corpus callosum, das die Großhirnhemisphären verbindet, das Selbst buchstäblich in zwei Teile zerschnitten wird und dass jede Hemisphäre ohne Hilfe und Einverständnis der anderen ihren freien Willen ausüben kann. Noch befremdlicher ist der Umstand, dass die linke Hemisphäre ständig eine schlüssige, aber falsche Erklärung für das Verhalten zusammenschustert, für das sich die rechte Hälfte ohne Wissen der linken entscheidet. Zeigt beispielsweise ein Versuchsleiter der rechten Hemisphäre kurz den Befehl ‚GEH' […], folgt der Patient der Aufforderung und beginnt durch das Zimmer zu gehen. Fragt man danach den Patienten […], warum er sich eben von seinem Stuhl erhoben hat, wird er in vollkommenem Ernst antworten: ‚Um mir eine Cola zu holen' – statt wahrheitsgemäß zu antworten:

‚Ich weiß es nicht'[…]. Der bewusste Geist – das Selbst oder die Seele – ist ein PR-Manager, kein Oberbefehlshaber. […] Freud [schrieb] […], dass unser bewusster Geist unser Handeln nicht kontrolliere, sondern uns nur eine Geschichte über diese Handlungen erzähle." (Steven Pinker: *Das unbeschriebene Blatt*)

Ich frage mich meinerseits nach der Häufigkeit, mit der unser Gehirn uns mit Geschichten in die Irre führt, wie es Freud behauptet hat. In 10 % oder in 95 % der Fälle? Wohlgemerkt ist dies nur die Spitze des Eisbergs, denn um die tägliche Wirklichkeit ist es weitaus schlimmer bestellt. Ich werde diese Erkenntnis verwenden, um die kognitive Unfähigkeit deutlich zu machen, die wir gegenüber einer tieferen, nicht sichtbaren Wirklichkeit zeigen.

Der berühmte Satz des Descartes: „Ich denke, also bin ich" ist nur ein schönes Wortspiel, denn das Denken ist keine willensbedingte Funktion: Die Menschen können nicht zu denken aufhören, und ihr Geist wird durch einen entfremdenden Zufluss von Information gesteuert, der die eigene Existenz beherrscht. Wir haben Augen und Ohren, die nur auf Irrelevantes reagieren und das Transzendente unbeachtet lassen, unser Herz ist meist gefüllt mit Gefühlen der Verärgerung, der Gewalt, der Wut oder des Neides, während unsere kraftlose Existenz, auf einer Wolke kognitiven Tiefschlafs, der maximalen Entropie, die wir „Tod" nennen, entgegenschwebt. Freilich gibt es auch wohlmeinende Dichter, Philosophen, Humanisten, Geistliche und „gute Menschen", die nach einem höheren spirituellen Etwas suchen.

Leider reichen gute Absichten aber nicht aus, um den Gipfel des evolutionären Olymps zu bezwingen, was uns allein dazu verhelfen kann, eines Tages den leuchtenden Mantel der menschlichen Exzellenz anzulegen. Ich beziehe mich in diesem Fall auf den Olymp als Allegorie in Verbindung mit der Entropie, wenn man von ihm herabsteigt, und auf die *Negentropie* als Unwahrscheinlichkeit seiner Besteigung. Die ignorante Ideologie der Leichtigkeit geht davon aus, dass die Erlangung von Spiritualität Gefühl und Glaube betrifft, aber in Wahrheit gibt es keine wirkliche Spiritualität ohne wissenschaftliche Methode und stetige Bemühung, ebenso wie eine tiefgehende Wissenschaft ohne echte Spiritualität unmöglich ist. Zuallererst müssen wir akzeptieren, dass wir materielle Wesen sind und uns nach dem evolutionären Mandat des Lebens zu einer höheren spirituellen Bewusstseinsebene erheben sollten, dabei aber weder ein zuverlässiges Kartenwerk noch einen geeigneten Treibstoff besitzen. Die Reise hat ihren Ausgangspunkt offenkundig in der materiellen Welt. Wollen wir sie mit Erfolg antreten, so müssen wir uns nach den Gesetzen der Materie richten.

Wir leben in einer materiellen Welt, in der alles zur Ordnungslosigkeit neigt – auch unser physischer Körper, der aufgrund der Entropie einem graduellen Verfall unterliegt und schließlich aufhört, zu existieren.

Was hat all dies mit dem „inneren Reichtum" (IR) zu tun?

Allerhand, denn dieser ist ein spiritueller Wert, der sich in der materiellen Welt graduell durch die Schaffung hochrangiger und hochkohärenter Ordnungsenergie herausbildet und ein graduell fortschreitendes Verhältnis mit der höchsten spirituellen Ebene und damit den Genuss von Frieden, Weisheit und Glück ermöglicht.

Die erste Absicht dieser Anstrengung besteht darin, unsere Existenz von ihrer Zufälligkeit hinwegzuführen und aus ihr eine Möglichkeit zu machen, die auf ein individuelles Entwicklungsziel ausgerichtet ist. Unsere Handlungen dürfen nicht willkürlich sein, sondern müssen von höherem Bewusstsein und wirklicher Ethik bestimmt werden. Andernfalls werden wir nicht in Resonanz mit der höheren Bewusstseinsebene der Natur treten, die im gesamten Universum eine egalitäre Äquivalenz aufrechterhält.

Unsere Unvollkommenheit, unsere ständigen Fehler, das, was wir „Pech" nennen, die Hindernisse auf dem Weg zu unseren Zielen – all dies beruht nicht nur auf mangelnder Befähigung für die Nutzung des gesunden Menschenverstandes und des inneren Urteilsvermögens. In vielen Fällen ist die Ursache ein ungünstiges energetisches Verhältnis zur Natur, oder schlimmer noch, eine völlige Abkoppelung von ihr. Die Menschen leben in ständigem Widerstreit mit ihrer natürlichen und kosmischen Umgebung und können daher keinen Zugang zu den höheren, immateriellen Gütern gewinnen.

Da wir innerhalb der Natur und dank ihr leben, benötigen wir ihr Einverständnis, um unsere Wünsche und Absichten zu erfüllen. Freilich ist die naive Auffassung verbreitet, dass die Natur vom Menschen beherrscht und geknechtet werden muss, um seinen Zwecken zu dienen. Solches Denken vergisst, dass wir „auf der Durchreise" sind, während die Natur seit dem Beginn der Zeiten „hier und da" gewesen ist.

Um nun zur Sache zu kommen, möchte ich die Ziele aufzählen, die ich mit dieser Arbeit zu erreichen hoffe:

1. Den geeigneten Menschen ein wirkliches Wissen zur Verfügung zu stellen, das ihnen ein triumphgekröntes Leben im superlativen Sinne folgender Worte ermöglicht: „Erfolg auf dem vom Schöpfer für den Menschen bestimmten Weg der individuellen Entwicklung, also Erlangung der menschlichen Exzellenz mit den höchsten Eigenschaften, die dem menschlichen Individuum zugänglich sind."
Dieses ist wegen seiner kognitiven Kurzsichtigkeit vom Weg abgekommen und widmet sich in willkürlicher und von seinen eigenen Gelüsten gesteuerter Weise einem übertriebenen Streben nach Sinneslust, Luxus und materieller Bequemlichkeit. Von einem kosmischen Gesichtspunkt aus kann er also als evolutionär gescheiterte Spezies angesehen werden, wenn denn nicht seine räuberischen Fähigkeiten als Erfolg angesehen werden sollen.

2. Dem Individuum einen Bruch mit den geistigen Schranken zu ermöglichen, die es im Begriff des Reichtums als Gold gefan-

gen halten, und ihm das Erkennen und Einsehen des IR als einzigen der Natur und dem Menschen gemeinsamen Reichtum nahezubringen.

3. Ihm die Selbstbefähigung zur höchstmöglichen Entwicklung seines eigenen IR zu verleihen, der sich latent in ihm selbst befindet.

4. Ihm die Fähigkeit zu vermitteln, den IR für den „Kauf" von allem zu verwenden, was es benötigt: materieller Besitz wie spirituelle Güter. (In diesem Fall besteht die goldene Regel bezüglich der materiellen Güter darin, dass diese dem Individuum dienen sollen und nicht umgekehrt; allerdings ist es ohnehin nicht möglich, dass ein bösartiger oder unehrlicher Mensch den IR nutzt oder missbraucht.)

5. Deutlich zu machen, dass die spirituellen Güter die einzigen sind, die dauerhaftes Glück sichern und zum höchsten Gut führen können.

6. Die Diskriminierung der sozialen Klassen zu beenden und den besitzlosen oder „am Rande der Gesellschaft" stehenden Bürgern Gelegenheit geben, sich selbst zu erziehen und der wirtschaftlichen Unterentwicklung mit Hilfe der Macht, die der IR verleiht, zu entwachsen.
Der „innere Reichtum" erweitert das Bewusstsein des Individuums, steigert die Kreativität und stärkt den Charakter, den Willen und die höhere Individualität. Er fördert auch eine tiefere Kommunikation mit den Mitmenschen, was dem kulturell und finanziell besitzlosen Menschen eine äußerst wertvolle Gelegenheit bietet, Gebildetere oder Reichere einzuholen oder gar zu übertreffen. All dies natürlich nur, wenn der Betreffende selbst dazu bereit ist und sich mit vollem Einsatz in den Lernprozess einbringt.

7. Jenen Menschen, die es zu materiellem Erfolg, nicht jedoch zum Glück gebracht haben und sich in Situationen der Einsamkeit, der Langeweile, der gescheiterten Liebe, des Verlustes von Lebenssinn, der inneren Leere oder in einer von verschiedenen Mängeln bedingten Frustration befinden, eine Arbeit zur Entwicklung ihres IR zu ermöglichen, mit dem sie die spirituellen Güter, die ihnen fehlen, von der Natur „kaufen" können.

8. Menschlichen Paaren zur Harmonie in der Liebe zu verhelfen.

9. Die Überwindung der Mittelmäßigkeit mit dem Ziel, ein wirklich wichtiger Mensch zu werden, und zwar aus dem Verständnis heraus, dass der echte Wert eines Individuums nicht von der Gesellschaft anerkannt wird, sondern von der Natur in dem Maße, in dem es die Gesetze des Schöpfers achtet. Wer die evolutionären Absichten des Schöpfers nicht erfüllt, kann sich gemäß den Normen des Lebens als gescheitert betrachten.

10. Mit Hilfe des IR können jene, die „Pech" in der Liebe zu haben glauben und keinen geeigneten Partner finden können, ihre Wünsche mit größerer Leichtigkeit erfüllen. Sie werden auch entdecken, dass wahre Liebe auf egalitärer Äquivalenz von Geben und Nehmen gründet.

11. Die Stärkung des Immunsystems für eine bessere Gesundheit.

12. Die Vermeidung von Depressionen und Verringerung von Angst- und Stresszuständen.
Der Besitz eines reifen und erwachsenen Ich ermöglicht einen harmonischen Kontakt mit der Wirklichkeit und erleichtert es, dem Dasein objektiv entgegenzutreten.

13. Eine wertvolle Chance zur Rehabilitierung jener, die aus Unkenntnis der natürlichen Gesetze, die das Schicksal bedingen, der Kriminalität verfallen sind.

14. Jungen Menschen, die ihre eigene Identität noch nicht gefunden und den Zweck menschlichen Lebens noch nicht erkannt haben, wird die Gelegenheit sicher sein, ein tieferes Verständnis vom Dasein zu erlangen.

15. Wer im Leben keinen Sinn erkennen konnte und dadurch dem Drogenkonsum verfallen ist, kann ihn durch die Erkenntnis überwinden, dass Frieden, Liebe, Lebensfreude und Selbstachtung ganz ohne Drogen, die das Gehirn und den Willen zerstören, erreicht werden können.

16. Eine Erhöhung der wirklichen Lebensqualität in Bezug auf die innere Welt. Unabhängig von den positiven oder negativen Ereignissen, die einem Individuum zustoßen, wird dessen innere Lebensqualität von der Gesamtheit seiner pädagogischen moralischen Maximen bestimmt, die aus einer richtigen Interpretation alltäglicher Ereignisse zu ziehen ist.

17. Eine höhere Lebensqualität im Alter.
    Im Alter und zu dessen Beginn ist es möglich, den altersbedingten psychologischen und geistigen Verfall aufzuhalten.

18. Überwindung von Beklemmungsgefühlen und Stress.
    Der richtige Umgang mit den eigenen Emotionen und eine optimale innere Einstellung gegenüber der Wirklichkeit erleichtern diese Überwindung.

Ich möchte an dieser Stelle festhalten, dass die tatsächliche Erlangung der genannten Ziele nur möglich ist, wenn Motivation und Engagement für das Training optimal sind.

Da schöpferischer Genius dem „inneren Reichtum" und nicht dem Gold entspringt, können die genannten Ziele als realistisch und keineswegs übertrieben gelten. In Wirklichkeit sind sie nur ein bescheidener Teil der tatsächlichen Möglichkeiten. Die Nutzung des IR kennt keine Grenzen, denn sie führt nicht nur zu einer ganzheitlichen Verbesserung des Lebens, sondern auch zu einer höheren Entwicklung.

Das Training besteht aus zwei Hauptphasen:

1. Was zu begreifen ist
2. Was getan werden muss

Es sei darauf hingewiesen, dass kein Erfolg in der zweiten Phase möglich ist, wenn nicht zuvor die erste Phase absolviert wurde, und dass jeder Fehler beim Verständnis der Gesetze, denen der IR unterliegt, zu Schwierigkeiten bei der Umsetzung des eigenen Vorhabens führen wird.

Ebenfalls wichtig ist die Bemerkung, dass das hier genannte Verständnis aufgrund seiner Tiefe in keinem Verhältnis zu dem steht, was gewöhnlich als „verstehen" begriffen wird. Letzteres ist nur ein Surrogat für eine höhere Fähigkeit, die weder angeboren noch wirklich bekannt ist.

Der Unterschied könnte durch folgendes Postulat ausgedrückt werden: „Jedes Wort hat eine Konnotation, die im Wörterbuch erklärt wird, aber die Tiefensemantik der Sprache ist ein verloren gegangenes Wissen, weshalb wir über die restriktive Bedeutungsebene, die wir unserer Sprache zuschreiben, nicht hinausgehen können."

In der Tat denken wir in Begriffen, die aus Wörtern gebildet werden, sodass wir geistig und kulturell durch den Sprachgebrauch konditioniert sind. In Abhängigkeit hiervon können wir nun entweder in der Mittelmäßigkeit verharren oder nach höheren Errungenschaften streben, denn die Genauigkeit unserer geistigen Planung und der Erfolg unserer Projekte werden umso größer sein, je tiefer und präziser unsere Sprache ist.

So gibt es geläufige Wörter, deren tiefe Bedeutung durchaus verschieden von ihrer üblichen Konnotation ist. Um einen vielleicht befremdlichen, aber durchaus didaktischen Ausdruck zu wählen: Wir verwenden eine „kastrierte", also ihrer wesentlichen Bedeutung beraubte Sprache. Dies kommt daher, dass der in Schulwesen und Kultur vorherrschende Lernstil, der auf Auswendiglernen setzt, uns in eine „schwache" Semantik hineinwirft, die zur Bestimmung der tiefen Bedeutung von Dingen nicht geeignet ist.

Die Vokabel „begreifen" selbst ist ein gutes Beispiel für ein kastriertes Wort. In ihrem Wörterbuch (Ausgabe von 1992) definiert die Königliche Spanische Akademie „begreifen" („comprender") zunächst als „etwas umfassen, umgeben, von allen Seiten einkreisen", auch als „verstehen, erreichen, durchdringen".

Eine hintergründigere Bedeutung des Wortes lautet: „Wiederholt etwas durchdenken, um schließlich zu dem tiefen Sinn zu gelangen, den es hat und der im Geist oder der Quintessenz liegt, die sich hinter bestimmten Wörtern, Sätzen, Dingen oder spezifischen Situationen verbirgt und deren inneres Wesen die Wurzel bildet, durch die alles mit der Natur und deren Wahrheiten verbunden ist."

Durch den Bedeutungsmangel des Wortes „begreifen" erfährt unser begriffliches Vermögen eine drastische Verringerung. Wenn wir meinen, etwas verstanden zu haben, bleiben wir meist an einer Oberfläche, die wir für das Ganze halten.

Leider fehlt uns ein angeborenes Deutungsvermögen, und es fällt uns daher sehr schwer, uns bewusst zu werden, was wir zu diesem Thema meinen. Die Entwicklung dieser kognitiven Fähigkeit gehört einer ausgesprochen hohen Ebene an.

Aus diesem Grund entstehen Unstimmigkeiten und Widersprüche zwischen dem, was das Subjekt weiß, und dem, was es zu verstehen meint. Oft ist es ihm dadurch unmöglich, sein Wissen praktisch umzusetzen.

Das Fehlen einer signifikativen Verarbeitung der Sprache verhindert in vielen Fällen die wirkliche Durchführung unserer Absichten.

Ein unverbesserlicher Raucher beispielsweise kann sein Laster nicht ablegen, weil er nicht zu begreifen und zu akzeptieren vermag, dass „Rauchen Krebs verursachen kann". Er raucht weiterhin, als wäre ihm die Warnung nicht bekannt.

Ich behaupte nachdrücklich, dass ein süchtiger Mensch, der sein Laster nicht ablegen kann, doch seine üble Gewohnheit aufgeben könnte, wenn er die Gefahren seiner Sucht und all ihre Konsequenzen nicht lediglich in informativer, sondern in signifikativer Weise begreifen würde. Der Raucher, zum Beispiel, würde augenblicklich aufhören, wenn er die Schädlichkeit des Nikotins nur wirklich begreifen würde. Dazu müsste er keine weitere Anstrengung unternehmen, als die entsprechenden ärztlichen Protokolle zu lesen.

Man darf nicht vergessen, dass jeder Akt tiefen Begreifens damit verbunden ist, die Konsequenzen der signifikativen Information in der realen Welt zu ermessen und die dringende Notwendigkeit zu erfassen, solche Information als Verhalten anzunehmen. Es kann dabei um Leben oder Tod gehen.

Die Vielfalt der Sprachen trennt Menschen aus verschiedenen Ländern. Die „schwache Semantik" aber verhindert die Verständigung unter den Bewohnern ein und desselben Landes.

Wörter sind nichts als „begriffliche Behälter", in die der Sprechende, Hörende, Denkende oder Lesende einen Inhalt legt, der nicht „mathematisch" ist, sondern aus veränderlichen und willkürlichen Bildern besteht, die den eigenen Abneigungen, Wünschen, Überzeugungen und Einbildungen entsprechen. Das Wort „Spiritualität" beispielsweise entbehrt einer tiefen und realistischen Semantik und wird daher häufig für abergläubische, schlecht wiedergegebene oder fantasiehafte Inhalte verwendet. Man darf sich nun wohl folgende Fragen stellen: Ist es möglich, etwas zu tun oder zu erreichen, dessen Bedeutung man nicht kennt? Wie sollten wir etwas aufspüren oder besitzen, dessen exakter Beschreibung wir entbehren?

Im Gegensatz zur angeborenen informativen Fähigkeit des Gehirns existiert die signifikative Kraft leider nur in latentem Zustand. Sie kann aber durch eine Arbeit im Inneren wie der am IR entwickelt werden.

Im Folgenden soll nun erläutert werden, was in der ersten Entwicklungsphase des IR zu begreifen ist.

II

Die Beschränkungen des Homo sapiens

Ich behaupte, dass wir über ein atrophiertes „Sein" und über ein hypertrophiertes „Streben nach Besitz" verfügen. Dies ergibt eine eher prekäre Menschlichkeit, auch wenn wir uns gerne einer Intelligenz, eines Empfindungsvermögens, eines freien Willens und einer Liebesfähigkeit rühmen, die wir vermeintlich besitzen. Der Bereich des Seins, was wir wirklich sind, ist unbedeutend, vielleicht gar inexistent geworden und weicht einer roboterhaften Persönlichkeit, einem maßlosen und unkontrollierten Verlangen danach, Dinge zu haben. Das Ich ist von einer Maschinerie verschlungen worden, die es zur Abkoppelung von der Realität zwingt. Es bedient sich dazu der klassischen, von der österreichischen Psychoanalytikerin Anna Freud beschriebenen Abwehrmechanismen „Verdrängung, Negation, Projektion, Nationalisierung, Regression".

Die Entropie der Information ist offensichtlich mit der Gewalt eines Orkans über unser Gehirn hereingebrochen. Wir kennen alle, wenn auch nur aus dem Fernsehen, die Vernichtungskraft der Wirbelstürme, die immer wieder bestimmte Teile der Welt heimsuchen und Bilder des Chaos und der Zerstörung hinterlassen. Nach dem Unwetter kehrt Ruhe ein, die Sonne scheint wieder und die Ordnung wird erneut hergestellt.

Unser Gehirn hat weniger Glück: Die Sonne scheint dort selten.

Rund um die Uhr, an jedem Tag des Jahres, werden wir mit unermesslichen Mengen an Information bombardiert, sickern Bruchstücke chaotischer und widersprüchlicher Information in unseren Geist, was unsere ohnehin schon geringe Fähigkeit zur Wahrnehmung der Realität noch zusätzlich „entropiert" und beeinträchtigt. Wir leiden an chronischen geistigen Verdauungsschwierigkeiten und vermögen die widersprüchlichen und manipulativen Informationen nicht mehr zu verarbeiten, die uns hauptsächlich zu willigen Konsumenten unzähliger materieller und immaterieller Dinge aller Art zu machen suchen. Die sakrosankte innere Freiheit ist nichts als ein Mythos, da die Pandemie einer verstopften Wahrnehmung uns jede geistige und körperliche Wahlmöglichkeit nimmt. Jedes Gehirn ist von einem „informatischen Symbionten" befallen. Als autonomes, ungeheuer großes Informationspaket denkt und entscheidet er nur im Sinne seiner eigenen Daten, nicht gemäß unserer Interessen, unserer Gefühle, unserer Vernunft, unserer Wünsche oder unserer Logik. So entsteht die Sklaverei des 21. Jahrhunderts; sie ist von allen bekannten die schlimmste, weil sie unbemerkt bleibt. Durch den invasiven, besitzergreifenden Charakter der subliminalen Information, die beinahe unseren gesamten Geist in Beschlag nimmt, ist unser Denken weder frei noch willensbedingt. Als subliminale Information versteht sich jene, die wir in einem geistigen Zustand der Schläfrigkeit oder der mangelhaften Wachheit empfangen, sowie Werbung jeglicher Art.

Das meiste unseres Verhaltens und Denkens steht unter der Kontrolle des Gehirnsymbionten, der den Großteil der Information „in Konserve" oder „tiefgefroren" hält. Er erneuert sich nämlich niemals in seiner grundlegenden Struktur und gestattet es nur, neue Informationsstücke nacheinander hinzuzufügen, um sie wiederum in der Raumzeit ihres subliminalen Eintretens zu fixieren.

Nicht wir verfügen über ein „denkendes Ich", sondern „es" verfügt über uns. Wir denken nicht; es scheint uns vielmehr etwas innezuwohnen, worauf wir unsere Identität extrapolieren, während wir mit unserer recht gelungenen Simulation eines „frei denkenden" Gehirns durch das Leben gehen.

Ihren Ursprung hat diese Situation hauptsächlich in einer funktionellen Wahrnehmungsstörung, die wiederum auf einen chronischen Zustand mangelhafter Wachheit zurückzuführen ist. Unser gewöhnlicher Bewusstseinszustand lässt sich durchaus als „Halbschlaf" oder Lethargie bezeichnen.

Die mangelhafte Wachheit ist eine Art Trancezustand oder „schwacher Schlaf", der durch eine recht intensive unbewusste Aktivität gekennzeichnet ist und in dem sich die wirklichkeitsgetreue Wahrnehmung getrübt, verzerrt oder behindert sieht. Sie beeinträchtigt allerdings nicht die Aktivitäten, die wir bereits automatisiert haben und keiner höheren Urteilskraft bedürfen. Die Urteilskraft aber ist besonders schwer von dem persönlichen Symbionten betroffen. Dieser verfügt zwar über eine bemerkenswerte Simulationsfähigkeit und ist daher schwer aufzuspüren, bleibt jedoch dem wachsamen Auge eines hoch angesiedelten Wahrnehmungsvermögens, das einem Zustand der höheren Wachheit entspringt, keineswegs verborgen.

Oft frage ich mich, warum unsere Tage keine Weisen vom Format eines Konfuzius, Platon, Sokrates, Aristoteles oder Epiktet kennen. Dabei erliege ich immer der Versuchung, den damaligen Prozess der Weisheitsgewinnung damit zu verbinden, dass in jener Epoche wenig oder gar kein formatives Material vorhanden war und also auch kein Datensymbiont existieren konnte. Heute aber sehen wir uns einem schamlosen und extravaganten Überschuss an nicht signifikativer Information und einem verdächtigen Mangel an transzendentalem Wissen gegenüber. Die roboterhaften Fähigkeiten unseres Gehirns können freilich als erheblich gelten – im Kontext eines „toten Wissens", das fragmentarisch, vom Ganzen abgekoppelt und aller tiefen Bedeutung und alles transzendentalen menschlichen Inhalts entäußert ist.

Hinter unserem roboterhaften Dasein schlägt jedoch ein menschliches Herz, das von Traurigkeit, Melancholie und Sehnsucht weiß, dass die Existenz einer höheren Welt in einem Winkel der menschlichen Hoffnungen erahnt. In eklatantem Widerspruch dazu steht das wirkliche Leben, in dem es uns nicht gelingt, unseren Wunsch nach wahrem Glück und wahrer Zufriedenheit zu erfüllen. Wir werden es uns kaum eingestehen wollen, dass wir zu Robotern mit einem Herz aus wirklichem, nicht virtuellem Fleisch und Blut geworden sind, aber in dieser Dualität liegt die Hauptursache unserer Widersprüche und Inkonsequenzen. Glücklicherweise ist es dem Symbionten noch verwehrt, unser Herz und unser Wesen zu befallen. Es besteht also noch die Hoffnung einer Entwicklung hin zur menschlichen Exzellenz.

Dazu benötigen wir eine Wissenschaft, die höher als die bereits bekannte steht und nicht nur Trägerin von Information, sondern auch von Weisheit ist. Eine „defragmentierte" Wissenschaft also, die sich auf das wichtigste Bedürfnis unserer Spezies konzentriert: den „schlafwandlerischen" Zustand zu durchbrechen, dem wir erlegen sind, um ein intensiveres, „waches" Wahrnehmungsmodell einzuführen, das der Entwicklung zu höheren Bewusstseinszuständen dient.

Zuvor ist es aber notwendig, unser Dasein als Tiere im Prozess der Vermenschlichung zu begreifen und einzusehen. Dieser Begriff kann in Bezug auf die einzige und wahre Evolution, die der Vermenschlichung unseres animalischen Teils, sehr erhellend wirken. Hierzu muss aber der Begriff des Tieres von dem des Menschen geschieden werden, was unserem Selbstverständnis als *sapiens* gar nicht leicht fällt.

Am einfachsten kann man sich unseren animalischen Teil wohl verdeutlichen, indem man eine Tageszeitung aufschlägt und liest, wovon dort die Rede ist: Kriminalität, Terrorismus, Pädophilie, Vergewaltigungen, Kinderarbeit, Raub und Betrug, Folter, Kriege und so fort.

Die Presse ist keine Vitrine, in der unser hoher Zivilisationsgrad ausgestellt wäre. Was sie zeigt, sind im Gegenteil eine unerhörte tägliche Gewalttätigkeit, Korruption, Mangel an Ethik und die völlige Verachtung unserer Mitmenschen.

Kosmische Währung

Was die Massen zusammenschweißt, sind keineswegs gemeinsame Vorlieben der Ideologie oder des Verhaltens, wie meist geglaubt wird, sondern die jeweils erhaltenen Informationspakete.

Dieses tückische Phänomen wird von dem Grad mangelhafter Wachheit des normalen Individuums hervorgerufen, dessen subliminaler Parameter die Schwelle des Bewusstseins deutlich tiefer setzt als weithin angenommen. In dieser Hinsicht wird deutlich, wie großzügig eine Psychologie vorgeht, die im Subliminalen eher eine seltene Ausnahme als eine von der kognitiven (oder antikognitiven?) Aktivität untrennbare Tatsache erblickt. Es wird, wie mir scheint, davon ausgegangen, dass das Bewusste in der Welt „die Oberhand" habe, dem Unbewussten dagegen eine marginale Funktion zukomme. Nach der alltäglichen Wirklichkeit zu urteilen, ist jedoch das Gegenteil wahrscheinlicher.

Trotz unser Mängel brüsten wir uns täglich damit, was der Mensch auf diesem Planeten vollbracht hat: Erfindungen, Flugmaschinen, Wolkenkratzer, enzyklopädisches Wissen, universitäre Weisheit, Großstädte, Kultur, Medizin und ständigen wissenschaftlichen Fortschritt sowie die Mathematik, die Kunst, den Hadronen-Speicherring, die Entschlüsselung des Humangenoms, die Demokratie und die Menschenrechte.

Wir sind stolz auf unsere Zivilisation, und dies ungeachtet des Krieges, des Hungers und der Verschmutzung von Atmosphäre und Lebensmitteln. Wir wähnen uns als Herrscher über die Natur und fühlen uns frei, die natürlichen Reichtümer des Planeten auszubeuten. Die nicht erneuerbaren Energiequellen gehen allmählich zur Neige, aber das scheint uns nicht allzu sehr zu beunruhigen, obwohl uns in letzter Zeit die Suche nach einem „kompatiblen" Planeten, auf den wir auswandern könnten, recht intensiv beschäftigt.

Vielleicht ist die Zeit reif für den IR. Alles ist möglich in dieser Welt, in der die Verbindung von Ursachen mit deren Wirkungen als schwierige Aufgabe erscheint.

III

Geistige Gesetze des „inneren Reichtums"

1. Das Geld besitzt keinerlei Wert an sich; 95 % davon werden von Privatbanken durch Kredit erzeugt.

2. Wahrer Reichtum liegt in Talent, Kreativität und Arbeit des Menschen. All dies kann von jedem Menschen entwickelt werden.

3. Alle Menschen ohne Ausnahme können ihr Humankapital entwickeln, ohne dafür irgendjemanden um Erlaubnis zu bitten.

4. Es ist bedeutungslos, welcher sozialen Schicht ein Mensch angehört und wie gebildet er ist: Wenn er nur lesen kann, ist er auch zur Entwicklung des IR geeignet.

5. Der geistige Käfig, der die Menschen in Armut gefangen hält, liegt in äußerlichen, aus der familiären und gesellschaftlichen Umgebung stammenden Vorschriften und Suggestionen, die in Form von Überzeugungen *introjiziert* werden.

6. Überzeugungen bedingen das gesamte Leben eines Menschen: Ist jemand in ein Elendsviertel hineingeboren worden, so ist

sein Ich von diesem Muster geknechtet. Er wird dann die Möglichkeit, aufgrund eigener Verdienste viel Geld zu erwirtschaften, für beinahe undenkbar halten.

7. Wie tief diese Verstrickung auch sei – es ist möglich, sie durch die Schaffung von IR, der ungleich erhabener ist als Gold, aufzubrechen und freizukommen.

8. Dazu muss man nur begreifen und akzeptieren, dass Geld und Gold nicht essbar sind. Selbst wenn sie sämtlich ins Meer geworfen würden, bestünde der Reichtum fort, denn dieser liegt in der Arbeit und dem Talent der Menschen. Damit die Arbeit fruchtbar ist, muss das Talent entwickelt werden.

9. Materieller Reichtum kann verloren gehen, nicht jedoch der „innere Reichtum" (IR).

10. Der IR lässt sich durch das Individuum selbst ansammeln und steuern, während Gold und Geld durch äußere Umstände abhanden kommen können.

11. Einmal entwickelt, gehört der IR dem Individuum und kann ihm nicht mehr genommen werden.

12. Es handelt sich um das höchste Kapital, über das ein Individuum verfügen kann.

13. Der IR ermöglicht es, sich aus spiritueller und wirtschaftlicher Besitzlosigkeit zu befreien, da er Talent und Kreativität entwickelt.

14. Er stellt ein geistiges Vermögen dar, das eine spezifische Art der Energie erzeugt. Durch diese treten wir in Verbindung mit der Natur, interagieren mit ihr und „kaufen" transzendentale Güter wie ununterbrochenes Glück, inneren Frieden und ein harmonisches Verhältnis zu unserer gesellschaftlichen und natürlichen Umgebung.

15. Unsere Verbindung mit der Natur ist meist körperlich (Ernährung, Atmung, Sonnenenergie), während wir geistig von ihr abgekoppelt bleiben.

16. Aufgrund dieses Umstandes verbrauchen wir unsere gesamte Energie auf den Erwerb von Gold oder Geld mit dem Zweck, materielle Güter zu erlangen, von denen wir uns das Glück versprechen. Mit den Jahren führt uns aber die unerbittliche Wirklichkeit zu Frustration, Langeweile und Verfall des Lebens, und wir vertun die Gelegenheit, echtes Glück zu erfahren und unsere höheren Fähigkeiten zu entwickeln.

17. Extremes Elend ist eines der Übel, die mit der Abhängigkeit vom Geld und mit dem trügerischen Drumherum des die Abhängigkeit verursachenden Systems einhergehen. Viele hegen daher den Verdacht, dass ein Großteil der Finanzkrisen künstlich zu Zwecken der Spekulation erzeugt worden ist.

18. Die kreative Kraft des IR ermöglicht es zweifelsohne einem ungebildeten Menschen, im Sinne des wahren Erfolges noch die Kultiviertesten zu überflügeln. Als wahrer Erfolg versteht sich der Erwerb transzendentaler spiritueller Güter, die Sicherung der für ein gutes Leben nötigen Finanzmittel und der individuelle Triumph auf dem Weg der Entwicklung.

19. Bei richtigem Einsatz entfaltet der IR mit absoluter Sicherheit eine außerordentliche Macht, die dem Individuum die Verwirklichung seiner tiefsten Wünsche innerhalb bestimmter ethischer und moralischer Grenzen ermöglicht.

20. Es verschwindet die soziale Ungleichheit als Mangel an Chancen für die einfachen Menschen, und eine höhere Lebensqualität wird möglich.

21. Jede bescheidene Ortschaft, in der die Postulate dieses Buches studiert, begriffen, praktiziert und mit Engagement verfolgt werden, wird der kulturellen und wirtschaftlichen Unterentwicklung graduell entwachsen können.

22. Bis auf Gott gibt es keine Art wahren Reichtums, die dem Menschen fremd wäre. Die Banken besitzen nichts, denn sie leben vom Talent ihrer Kunden; das Gold ist nichts; die großen Konzerne besitzen keinen anderen Reichtum als die Summe der Fähigkeiten ihrer Mitarbeiter.

23. Transzendentales Humankapital unterscheidet sich deutlich von dem, was gemeinhin als „Qualifikation" bezeichnet wird. Reichtum als Humankapital ist in seinem bescheidensten Sinne definiert worden als „die gegenwärtige und zukünftige Erzeugung von Einkommen auf der Grundlage von Bildung, Ausbildung, Wissen, Fähigkeiten und Gesundheit" (Gary S. Becker, Nobelpreis 1992). Das von Becker genannte „Einkommen" bezieht sich selbstredend auf die einzige uns bekannte Art von Reichtum, nämlich das Geld. Wirklich bedeutende Güter lassen sich jedoch nur durch eine höhere Art der Qualifikation erreichen.

24. Der IR lässt sich als Erzeugung und Ansammlung von „Bewusstseinsenergie" beschreiben. Diese ähnelt einem Magnetfeld, dessen Kraft uns eine freiwillige Interaktion mit der Natur und die Verwendung unserer eigenen Kraft als „kosmische Währung" ermöglicht.

25. Die Güter der Natur können mit „kosmischer Währung", also mit „Bewusstseinsenergie", erworben werden. Ihr Wert richtet sich nach der Quantität und Qualität der Arbeit zur inneren Vervollkommnung, die der Mensch an seinem eigenen Bewusstsein leisten kann. So kann jedes Individuum in eigener Arbeit diesen Wert prägen, um ihn für all das einzutauschen, was es benötigt.

26. Je größer die Menge an angesammeltem IR, desto höher auch die Anzahl der Güter, die erworben werden können.

27. Die spirituellen Güter sind folgende:

Weisheit	innerer Edelmut
Frieden	Kraft
Glück	Schönheit
Liebe	Harmonie
Gleichmut	Toleranz
höheres Bewusstsein	Besonnenheit
Güte	Ehre

28. Die materiellen Güter sind alle, die durch eigenes Verdienst erworben werden können, solange keine moralische Norm missachtet, niemandem ein Schaden zugefügt und jede Art von Exzess vermieden wird.

Der Erwerb dieser Güter ist an einige Bedingungen gebunden. Erstens muss vor dem Erwerb das Verdienst stehen, in sich selbst die nötige Menge an „innerem Reichtum" oder „kosmischer Währung" gebildet zu haben. Ferner ist es nötig, die höchsten moralischen Grundsätze uneingeschränkt zu beachten und zudem die Bedingung zu erfüllen, dass die Güter dem Individuum dienen und nicht umgekehrt. Andernfalls werden sowohl die spirituellen als auch die materiellen Güter letztendlich verloren gehen.

29. Im Bereich der Natur ist nichts umsonst, da alles dem Tauschgesetz unterliegt. Der kosmische Merkantilismus ist daher eines der wichtigsten Gesetze des Daseins. (So viel ich will, so viel muss ich auch zahlen; je gewichtiger und großartiger meine Ziele, umso höher die zu leistende Zahlung.)

30. Für die Verwirklichung unserer Wünsche ist es nötig, freudig und im Voraus zu bezahlen – in der Gewissheit, dass wir schließlich erhalten werden, was wir begehren.

31. Die zur Verwirklichung erforderliche Zeit entspricht der Größenordnung des zu Erzeugenden. (Wichtigeres braucht länger, weniger Wertvolles erfüllt sich früher.)

32. Wir müssen für immer die kindische Einbildung aus unserem Geist tilgen, man könne wichtige Dinge ohne größere Anstrengung erreichen. Sie ist so absurd wie etwa jene, ein Luxusauto für hundert Dollar kaufen zu können. (Die Wörter „einfach", „bequem", „schnell" und „umsonst" sind aus unserem persönlichen Wörterbuch zu streichen.)

Zum Studium dieser Gesetze

Es ist zu bemerken, dass die herkömmliche Art des Lernens in unserer Sache von geringem Nutzen ist. Es muss also ausführlicher erklärt werden, was „begreifen" eigentlich bedeutet und worin es sich von einfachem Verstehen unterscheidet.

Wir sind an das Lernen durch Wiederholung gewöhnt. Um uns gebührend zu informieren und dieses Wissen zu verstehen, wiederholen wir also gedanklich Sätze und Begriffe, wobei wir Schlüsse und Verbindungen ziehen, bis wir unseren Gedanken für korrekt halten und richtig verstanden haben, was die Information übermitteln soll. Wir wissen aber nicht, dass wir uns dabei lediglich auf der ersten Ebene des Wissens – der informatischen – bewegen und in Wahrheit nur einen Bruchteil von der tieferen Bedeutung der Dinge erfassen: Wir verharren bei einer oberflächlichen Beschreibung. Dies geschieht, weil wir über kein signifikatives zerebrales Vermögen verfügen, sondern nur über eine informatische Fähigkeit.

Letztere ist angeboren, während sich erstere in latentem Zustand befindet und zu ihrer Entwicklung der hartnäckigen Übung bedarf. Der Unterschied zwischen beiden Fähigkeiten lässt sich folgendermaßen erklären:

Die informatische Fähigkeit ermöglicht es uns, große Mengen an Information auf mitunter sehr nützliche Weise zu verarbeiten, allerdings innerhalb der ersten geistigen Ebene, die allen Menschen gemeinsam ist. Die genannte Ebene ist intellektuell und theoretisch, sie entspricht einem Zustand der mangelhaften Wachheit. Dies verursacht eine mechanische Fixierung von Begriffen in geistigen Paradigmen von bemerkenswerter Enge, in denen die Sicht auf die Wirklichkeit erheblich begrenzt und verdunkelt ist.

Infolgedessen wird die schöpferische Kraft stark beschädigt und eingeschränkt.

Das Signifikative ist nur dann vorhanden, wenn die Fähigkeit dazu durch eine geduldige innere Arbeit entwickelt worden ist, durch die eine höhere geistige Ebene angestrebt wird. Auf dieser Ebene wird es möglich, einen Gegenstand, ein Wort, einen Begriff, ein Problem oder eine Situation in einer Tiefe zu reflektieren, die uns zum eigentlichen Wesen der Sache führt, sodass sich diese mit dem Wesen alles Existierenden vereint.

Das informatische Wissen ist durch seinen fragmentarischen, theoretischen und invasiven Charakter gekennzeichnet. Es ist also nicht dem Ich des Individuums untergeordnet, sondern dieses wird im Gegenteil durch die autonome zerebrale Information entfremdet, die andere Interessen vertritt als die der eigenen Identität. Wenn das Individuum also wiederholt darüber informiert worden ist, dass Reichtum auf dem Besitz von Gold beruht, ist es nicht zur Erkenntnis einer Alternative in der Lage. Das Gehirn wird dabei nämlich von der Information gesteuert, deren Träger es ist. Das Denkvermögen täuscht zwar Freiwilligkeit vor, aber das Individuum wird durch die Information „gedacht" und kontrolliert.

Liegt nun beispielsweise die zerebrale Information des Misserfolges vor, so misslingen dem Individuum meist seine Vorhaben in so verschiedenartigen Bereichen wie dem wirtschaftlichen und dem der Partnerschaft.

Ein bedauernswertes Merkmal des informatischen Wissens besteht darin, dass es auf einen kleinen Bereich der Wirklichkeit beschränkt und allem anderen gegenüber blind bleibt. Ebenso verfügt es über kein Verhältnis von Ursache und Wirkung in Bezug auf das erworbene Wissen einerseits und dessen wahre Implikationen andererseits. Mit anderen Worten: Es gelingt dem Geist nicht, sein Wissen zu ermessen, da dieses einer winzigen, von der tieferen und umfassenderen Wirklichkeit abgeschnittenen Insel gleichkommt. Dadurch ist es dem Individuum meist verwehrt, über das statistische Mittelmaß hinauszugelangen, und es muss sich in den Grenzen des Bewährten und Bekannten bescheiden.

Es ist ebenfalls eine – allzu häufige – Tatsache, dass das Verhalten des Individuums nicht mit seinem Denken übereinstimmt und sich von diesem abkoppelt. Oft trifft man ausgesprochen moralistische Menschen, die sich unanständig verhalten: unmoralische Puritaner; Intellektuelle, die von irrationalen Impulsen beherrscht werden; gelehrte Menschen, die sich dumm verhalten; Leute, die zum Geldverdienen anleiten und selber arm sind; Pazifisten, die mit gewalttätigen Bewegungen gemeinsame Sache machen und so fort.

Eine dramatische Konsequenz des informationsbasierten Lernens besteht in der offenkundigen Unfähigkeit, einen Nutzen aus der Erfahrung zu ziehen, wodurch immer dieselben Fehler wiederholt werden. Oft werden schmerzhafte Ereignisse – die eine durchaus pädagogische Wirkung haben könnten, wenn die aus ihnen gezogenen Lehren zu einem weiseren und erfolgreicheren Leben verhelfen würden – nicht in das bewusste Denken eingefügt. Das Individuum vermag es nicht, das Geschehene zu verarbeiten (zu begreifen), und es bescheidet sich mit einer Rationalisierung, einer Projektion der Schuld oder einer Rechtfertigung des eigenen Verhaltens. Ein solcher Vorgang ist nur selbstverständlich, denn die im Gehirn enthaltene Information handelt, unabhängig vom Ich und von jeder anderen höheren Erwägung, „auf eigene Faust". Sie folgt damit ihren eigenen programmatischen Impulsen, ohne das höhere Wohlergehen des Individuums zu berücksichtigen.

Die autonome Information kann den Menschen unendlich herabsetzen und ihn leiden, erkranken, ja sogar sterben lassen.

Fazit: Die informatische Fähigkeit, die wir gewöhnlich beim Studium einer Sache oder bei der Planung von Vorhaben jedweder Art einsetzen, ist meist kein zuverlässiges Werkzeug für höhere Taten. Sie ermöglicht es uns nur, mit einer gewissen Würde zu überleben, wenn wir denn der Mehrheit gefällig bleiben.

IV

Das signifikative
Vermögen

Dieses Vermögen gehört einer weiter fortgeschrittenen geistigen Schicht an. Es eignet dem Individuum, das eine wahrhaftige (nicht eingebildete) Arbeit an seiner inneren Welt geleistet hat, die ihm eine Erhöhung seines Bewusstseinszustandes ermöglicht.

Auf der signifikativen Ebene ist es möglich, die höchste Form von Weisheit zu entwickeln, die das Wissen um die wesentliche Energie des Universums betrifft. Es ist so ähnlich, als würden wir entdecken, worin sich alle Lebewesen ähneln oder was ihnen allen gemein ist und in welcher Beziehung zu ihrer natürlichen und kosmischen Umgebung sie stehen.

Mit einem Gleichnis könnte man sagen, dass wir den Zugang zum „Samen aller Dinge" erlangen, der die Energie des Schöpfers birgt.

In diesem Augenblick wird offenkundig, dass der wirkliche Quell alles Guten für den Menschen in dessen Inneren liegt und dass er nur jenen Bereich bearbeiten muss, um wirklich erfolgreich zu sein. Auf diesem Weg kann er die ihn umgebende Welt beeinflussen und, falls er es wünscht, einen Teil seines „inneren Reichtums" (IR) in materiellen Überfluss oder in transzendentale spirituelle Güter umwandeln.

Wenn ein menschliches Wesen sein signifikatives Vermögen entwickelt, transzendiert es die allgemeine Ebene seiner Spezies. Diese kostbare Fähigkeit ist also wie der Hauptschlüssel, der alle Türen der Erde und des Alls zu öffnen vermag.

Alle Epochen der Menschheit haben Wesen von unterschiedlichster Erscheinung gekannt, die in höherem oder geringerem Maße über inneren Reichtum verfügten. Was wir „menschliche Genialität" nennen, ist nur ein blasser Widerschein davon.

Es sollte jedoch die Illusion vermieden werden, dass der Erwerb des inneren Reichtums leicht oder bequem sei, dass er keine besondere Anstrengung fordere. Im Gegenteil ist zu akzeptieren, dass nichts im Bereich der Natur umsonst ist. Es herrscht vielmehr das Tauschgesetz unter der Norm der egalitären Äquivalenz. Es sei daran erinnert, dass zur Entwicklung des IR zunächst das latent vorhandene signifikative Vermögen herauszuarbeiten ist, denn nur so lassen sich die anzuwendenden Gesetze wirklich begreifen.

„Innerer Reichtum" ist, so muss man sich vor Augen halten, weder berufliche Qualifikation, noch Kultur, noch formale Bildung, noch emotionale Empfindungsfähigkeit, sondern es handelt sich um die freiwillige Entwicklung des eigenen Bewusstseins bis hin zu einer Ebene ungeahnter Möglichkeiten.

Auf dieser Ebene kann das Individuum „seine eigene *kosmische Währung* prägen", indem es eine Bedeutung von superlativem Wert aus der alltäglichen Erfahrung zieht. Diese Arbeit besteht darin, die tagtäglichen Erlebnisse zu einer Quintessenz zu verarbeiten, um aus ihnen den „universalen Samen", also die energetische Substanz zu gewinnen, die den Kosmos und alles, was in ihm körperlich oder abstrakt existiert, *multidimensional* „durchdringt".

Innerer Reichtum besteht darin, eine „Bewusstseinsenergie" anzusammeln, die als Intelligenz alle Prozesse des Universums steuert, darunter das Leben selbst, den Tod, das Chaos, die Ordnung und die Zeit.

So gelangt man zu größerem oder geringerem „inneren Reichtum", entsprechend der Menge an „Bewusstseinsenergie", die es einem Menschen in seinem Leben zu speichern gelingt. Sie bildet das Vermögen des Seins und überlebt den Tod des physischen Körpers.

Kosmische Währung

Leider ist der Mensch zu sehr mit dem Geldverdienen beschäftigt, um über den Erwerb inneren Reichtums nachzudenken. Daher lebt die überwältigende Mehrheit der Menschen, ob arm oder reich, in extremer menschlicher Armut, ohne jemals der individuellen Exzellenz, die ganzheitlichem Wohlstand zugrunde liegt, auch nur im Geringsten nahegekommen zu sein.

Diese existenzielle Leere ist die wirkliche Ursache des Mangels an Werten, der Orientierungslosigkeit, des Materialismus, der Gewalt, des Verlustes von Lebenssinn, des Zynismus, der Drogenabhängigkeit und der antisozialen Verhaltensweisen.

Unsere an materiellen Gütern (Unterhaltung, Wissenschaft und Technik) offenkundig reiche Gesellschaft ergibt sich einem irrwitzigen Lebensstil, kann den spirituellen Mangel des Menschengeschlechts jedoch nicht verschleiern. Die moralische Verwahrlosung und die innere Leere werden vom Geld nicht aufgewogen.

Es tut die Erkenntnis Not, dass wir in zwei Reichen leben: dem der Natur und dem des Menschen, und dass Letzteres von dramatischer Flüchtigkeit und Volatilität ist. Es unterliegt wesentlichen Änderungen im Wandel der Zeiten und Kulturen, sodass die Gültigkeit gesellschaftlicher Fortschritte nur von kurzer Dauer ist. So werden selbst die teuersten unserer Errungenschaften letztendlich gestürzt oder begraben.

Ganz anders verhält es sich mit dem IR, der im Sein gespeichert wird und im Laufe der Jahre intakt bleibt.

Es kann eigentlich davon ausgegangen werden, dass er bis zum Erlöschen des Universums bestehen wird, falls ein solcher Fall je eintreten sollte – vielleicht auch über diesen Zeitpunkt hinaus.

Der IR ist also eine vollkommen sichere, von den bekannten materiellen Umständen gänzlich unabhängige Investition unserer Zeit und Mühe. Ja, selbst der Schöpfer könnte sie uns nicht nehmen, wenn er es wollte. Indem wir nämlich zu einem intelligenten Teil seines kosmischen Körpers werden, tun wir nichts anderes, als seine eigenen Gesetze zu erfüllen.

Die Entwicklung des signifikativen Vermögens

Um die Gesetze des IR in ihrer Tiefe zu begreifen, muss zunächst erkannt werden, wie das signifikative Vermögen entwickelt werden kann und welche Hindernisse dieser Entwicklung entgegenstehen.

Wichtigste Hindernisse

1. Das zerebrale Programm

Das Gehirn eines jeden Individuums ist vollkommen durch äußere und innere Botschaften programmiert.

Erstere haben ihren Ursprung in den Eltern und in der gesellschaftlichen Interaktion, Letztere im genetischen Erbgut.

Alles, was wir vom Augenblick unserer Geburt an lernen, bildet ein zerebrales Reservoir autonomer, „dem Ich also nicht unterworfener Information". Daher gelingt es uns nicht, dieses Wissen unserem Willen gemäß einzusetzen, sondern wir werden vielmehr von ihm gesteuert: Es nötigt uns seine eigenen Muster auf. Die Vorstellung des freien Willens erscheint also als Mythos, solange nicht ein höherer Bewusstseinsgrad erlangt ist.

Sehr oft handeln wir falsch oder werden zu unfreiwilligen Instrumenten des Bösen, wobei wir uns dazu gezwungen sehen, unserem informatischen Reservoir in unseren Gefühlen und Taten zu folgen. Diese zerebralen Anweisungen oder Vorschriften entbehren im Übrigen jeglichen Urteilsvermögens und beschränken sich darauf, die relevanten Merkmale ihres Programms durchzusetzen.

Unser Gehirn ist wie die Festplatte eines PCs, nur dass uns der Programmierer unbekannt ist. In Wirklichkeit kennen wir ihn sehr wohl, aber er ist durch seine Vielfältigkeit allgegenwärtig, weil er der Summe aller äußeren Vorschriften entspricht, die in verschiedenen Phasen des Daseins *introjiziert* worden sind und unseren Eltern sowie dem gesellschaftlichen und kulturellen Milieu entspringen, mit dem wir interagieren.

Unser Selbstwertgefühl verleitet uns zu der Überzeugung, wir könnten unsere Wünsche und Handlungen frei wählen, aber dies ist nur eine weitere der tückischen Illusionen, die den dunklen Teil des Lebens bilden. In Wahrheit folgen wir den Vorschriften der zerebralen Information, deren Träger wir sind, ohne andere Möglichkeiten zu erkennen. Daher greifen wir manchmal zur Wahrsagerei, ob *Tarot, I Ging* oder eine andere Methode. Sollten wir wirklich über eine innere Wahl- und Handlungsfreiheit verfügen, so könnten wir uns unsere Wünsche viel leichter erfüllen: Unser tatsächlicher Misserfolg macht unseren Mangel an Autonomie offenbar. Der Rückgriff auf Hellseher ist nichts als das implizite Eingeständnis unseres Unvermögens, das eigene Schicksal in die Hand zu nehmen.

Dieses Problem hätte keine Lösung, wenn es nicht im Inneren aller Menschen einen kleinen „nicht programmierbaren" Bereich gäbe, der aller subliminalen Durchdringung, aller äußeren Vorschrift und aller Suggestion der Werbung widersteht.

Ich meine den Bereich des Seins, unsere immanente Identität, was wir eigentlich sind, unser echtes und unantastbares Ich, den göttlichen Funken, der im Gegensatz zum Ich der Persönlichkeit, das nur gesellschaftlich implantiert ist, unser wirkliches Selbst bildet.

Wir sollten lernen, für das Sein, durch das Sein und gemäß dem Sein zu leben und uns mit ihm zu identifizieren. Auf diese Weise kann seine Macht hervortreten und uns in die Lage versetzen, unser zerebrales Programm im Sinne bewusster Kriterien neu zu interpretieren.

Unter dem Sein können wir das „kosmische Licht", das Energieteilchen oder das Samenkorn verstehen, dass der Schöpfer des Universums in jedes Geschöpf der Art *sapiens* gelegt hat und das unsere kosmische Identität bestimmt. Nun wird „der Allmächtige", die höchste Intelligenz im Universum, wohl kaum aus einer reinen

Laune heraus oder bloß zur Ablenkung diese Saat gelegt haben; vielmehr gibt es dafür gute und schwerwiegende Gründe. Der höchste Weise hat entschieden, dass jedes Individuum selbst dafür verantwortlich sein soll, den Samen zu hegen und ihn keimen zu lassen, und dass es sich entweder im Einklang mit dem Wachstum des Seins entwickeln oder bloße Hülle des höchsten Lichts bleiben kann.

Wenn wir also zum Misserfolg programmiert worden sind, müssen wir ein solches Programm keineswegs akzeptieren, wie wir uns auch dem äußeren Reichtum nicht blind unterwerfen sollten.

Mit anderen Worten: Wir müssen unsere eigene geistige Identität erlangen, jenseits entfremdender Vorschriften, die man uns ohne unser Einverständnis eingepflanzt hat.

2. Der Wachheitsgrad

Wir glauben, dass wir morgens nach dem Aufstehen wach sind, und nichts könnte uns vom Gegenteil überzeugen.

Tatsächlich aber leben wir in einem Zustand des Halbschlafes, in dem wir teils schlafen, teils wachen. Unser Bewusstsein ist daher alles andere als erleuchtet: Es befindet sich in einem Zustand der Dämmerung, und der Großteil unserer Wahrnehmungen ist subliminal. (Hiermit bezeichnet man Gedanken, Emotionen oder Empfindungen, die aufgrund unzureichender Wachheit zu keiner bewussten Wahrnehmung gelangen.)

Durch diesen Mechanismus bildet sich ein geistiges Register von rein informativen Wahrnehmungen, die jedes signifikativen Inhalts entbehren. Wir saugen uns voll mit widersprüchlichen Informationen ohne rationalen Sinn. Sie manifestieren sich in Form instinktiver und emotionaler Impulse, deren Ursprung uns unbekannt ist, die uns aber zu Misserfolg und Frustration in den wichtigsten Bereichen des Lebens führen.

Der Zustand mangelhafter Wachheit lässt die niederen Eigenschaften der Spezies hervortreten: Gewalt, Trägheit, passive Träumerei, Verringerung der höheren Kognitionsfähigkeit, *Suggestibilität*, fehlende Selbstkontrolle, primitives Verhalten, Identitätslosigkeit, Energiemangel.

Weiter unten werden Richtlinien für die Entwicklung einer höheren Wachheit gegeben.

3. Die Schwäche des Ich

Die frühe Jugend ist bekanntlich eine Zeit vehementen Suchens nach der eigenen Identität. Wird später das Erwachsenenalter erreicht und ein bestimmter Platz in der Gesellschaft eingenommen, so gilt der Mensch als gereift.

Nichts ist weiter von der Wirklichkeit entfernt. Hinter dem Anschein eines Erwachsenen verbirgt sich vielmehr meist ein kindliches, unterentwickeltes, schwaches oder unsicheres Ich, das begierig nach Anerkennung durch die Allgemeinheit trachtet.

Zum Verständnis dieses Begriffs ist die Erkenntnis nötig, dass die Persönlichkeit wie ein Gewirr aus Mechanismen ist, die nicht nur das Individuum sozialisieren, sondern auch einen Puffer zwischen dem Ich und den Ereignissen des Lebens bilden, sodass die Angst und Beklemmung eines direkten Kontaktes mit dem Wirklichen vermieden oder gemildert wird.

Die Zerbrechlichkeit des von Persönlichkeitsgebilden erdrückten Ich führt zu schweigendem Befolgen des Mehrheitsdiktats, wie schädlich diese Wahl auch sei. In der Vereinigung mit der Masse erfährt das Ich sich nämlich als stark, mächtig und profiliert, auch wenn es in Wahrheit einer psychologischen Vereinheitlichung zum Opfer fällt, in der es seine differenzierende Individualität einbüßt.

4. Mangel an Kontrolle über das Denken

Der bekannte Satz des Descartes: „Ich denke, also bin ich" wird in der Praxis zu einem grausamen Scherz. Das Individuum besitzt keine willentliche Kontrolle über sein Denken; das Gehirn denkt gleichsam selbstständig, oder besser: nach den Befehlen der in seinen Neuronen liegenden Information, die nicht dem Ich unterworfen ist und sich letztendlich des Individuums bedient, statt ihm zu gehorchen.

Aus diesem Grund befindet sich das menschliche Verhalten oft im Widerspruch zu den eigenen Interessen. Das begehrte Glück wird abgewiesen oder untergraben, ohne dass diese geistige Entzweiung je zu Bewusstsein gelangt. Einerseits scheint der Mensch alles für seinen Erfolg zu tun, aber „etwas in seinem Inneren" wirkt ihm im Verborgenen entgegen.

In Wahrheit ist das Gehirn von widersprüchlicher, bedeutungsloser (nicht signifikativer), dem Ich nicht untergeordneter Information kolonisiert, wodurch der Mensch schließlich entfremdet und sein Verhalten manipuliert wird.

Ein kleiner, noch nicht befallener Teil des Menschen hegt also den Wunsch nach Erfolg, während der entfremdete Teil entgegengesetzte Zwecke verfolgt und daher erheblichen Widerstand dagegen leisten kann.

Wir werden von informatischen Vorschriften beherrscht, die in unseren Neuronen liegen. Die Psychoanalyse schreibt das menschliche Verhalten „geistigen Fixierungen" zu, aber gegenwärtig ist es treffender, von „informatischer Besessenheit" zu sprechen, also von der überwältigenden Rolle der vielfältigen im Gehirn enthaltenen Informationen. Diese werden nicht in einem Zustand höheren Wachens *introjiziert* und vermeiden dadurch die Unterordnung unter die gemeinhin als Ich bekannte Instanz. Wir besitzen nicht, was wir wissen, sondern wir werden im Gegenteil von jenem trügerischen, tiefer Bedeutung entbehrenden Wissen, das unser Denken füllt, manipuliert.

Solange also das Verhalten des Menschen von der Information gesteuert wird, deren Träger er ist, wird es ihm denkbar schwer fallen, den richtigen Weg zur Erfüllung seiner eigenen Wünsche und zur Wahrung seiner wirklichen Interessen zu wählen. Eher wird er schließlich das Gegenteil dessen tun, was er wirklich will, oder er wird dem Elend verfallen, statt zum Glück zu gelangen.

All dies ergibt sich daraus, dass es den höheren Gehirnregionen an Urteilsvermögen mangelt, wenn sie „sich informieren" oder „informiert werden". Der allgemein vorherrschende Zustand unzureichender Wachheit führt zu einer schweren Störung des Lernprozesses, da das Individuum die jeweilige Information nicht in seinen Besitz nimmt, sondern von ihr überwältigt und gesteuert wird, sodass es diesen Inhalt mit seiner immanenten Identität verwechselt.

Zur Entwicklung des signifikativen Vermögens

Vor Beginn der eigentlichen Arbeit ist es erforderlich, eine Vorstellung von der Größe des Vorhabens zu gewinnen. Dadurch wird die Möglichkeit offenbar, das signifikative Vermögen zur allmählichen Lösung der meisten Probleme einzusetzen, wie kompliziert sie auch erscheinen mögen. Alles Existierende vereint sich nämlich auf der Ebene der einen Energie der Natur.

Beharrlichkeit wird es uns möglich machen, persönliche Vorhaben auf erstaunliche Weise zu realisieren, denn wir werden die erschwerenden oder vereitelnden Umstände erkannt haben und die für unsere Absichten geeigneten und erforderlichen Mittel einsetzen können.

Es sei daran erinnert, dass jedes Vorhaben im Kopf beginnt, und dass wir also nichts werden durchführen können, was wir nicht deutlich im Kopf haben. Mit anderen Worten: Wenn wir nicht die Schwierigkeiten begreifen, die mit der Erfüllung unseres Wunsches verbunden sind, werden wir auch nicht die für seine Verwirklichung notwendigen Maßnahmen ergreifen können.

Die Schwierigkeiten bei der Realisierung unserer persönlichen Pläne ergeben sich daraus, dass unser eigenes Unbewusstes unser Denken mit emotionalen und geistigen Vorschriften restriktiver oder negativer Art manipuliert.

Ferner verleitet uns die von der eigenen Einbildung genährte Begeisterung dazu, allzu viele Hoffnungen in einen Plan zu setzen, so dass unser Denken in einer Weise entfremdet oder verzerrt wird, die uns zum Misserfolg führt.

Wenn es uns denn gegeben wäre, in einer mathematischen Sprache zu denken, in der jeder Gedanke und jeder Begriff einem absoluten und stabilen Wert entspräche, so könnten wir jedes Vorhaben effizient und sicher planen, ebenso wie ein Ingenieur den Bau einer Brücke mit Hilfe von Zeichnungen vorwegnimmt, um dann die entsprechenden Berechnungen vorzunehmen und schließlich das physische Bauwerk zu errichten.

In der Praxis gelingt uns ein solches Vorgehen nicht, denn wir denken in variablen Wörtern und Bildern mit vielfältigen Bedeutungen. Besonders ist dies der Fall bei der Sprache, in der wir die Worte entsprechend unseren Wünschen, Emotionen, Ängsten und Mängeln interpretieren.

Am nächsten kommt dem mathematischen Denken ein „tiefes Begreifen", das uns auf die Ebene der Bedeutung führt, die den absoluten Wert von jedem Ding, Gedanken oder Problem enthält.

Zur Veranschaulichung der Situation, in der sich der gewöhnliche Mensch mit seinem Denken befindet, kann man sich folgende Rechenaufgabe vorstellen: 2 und 2 zusammenzählen, das Ergebnis mit 9 multiplizieren und von diesem Resultat schließlich 5 abziehen. (Die Zahlen in diesem Beispiel stellen reale materielle Dinge oder Situationen dar.) Im Verlauf des Rechnens verleiten Einbildung und Emotionen den Menschen dazu, jeder Zahl einen anderen Wert zu verleihen, sodass sein Endergebnis, statt richtigerweise 31, etwa 28 lauten könnte. Auf der Grundlage dieser Zahl wird das Individuum nun wichtige Entscheidungen treffen, die jedoch falsch sind und sein Vorhaben zum Scheitern verurteilen.

Mit unseren alltäglichen Zielen widerfährt uns etwas im Grunde sehr Ähnliches. Beim Sammeln von Informationen zur Bewertung unserer Pläne leiten uns Furcht, Gier, Ehrgeiz, Narzissmus oder extreme Schlichtheit. Die objektiven Signale der wirklichen Welt verschieben sich dadurch in unserem Denken, und wir stürzen uns leichtsinnig in Vorhaben, die nicht durchzuführen sind.

Umgekehrt kommt es auch vor, dass wir in Unentschlossenheit erstarren, weil unser geistiger Symbiont uns etwas als undurchführbar präsentiert. Dies geschieht beispielsweise bei unserem vergeblichen Streben nach äußerem Reichtum, wenn wir davon überzeugt sind, dass nur der Erwerb von Gold uns reich machen kann: Die erschöpfende und alltägliche Verfolgung des materiellen Reichtums kann dann all unsere Energie verbrauchen.

Wenn wir das signifikative Vermögen entwickeln, werden wir uns nur noch schwer vom Anschein der Dinge täuschen lassen.

Genug des Leichtsinns, der Beklemmung, des Unwissens, der Waghalsigkeit: Nötig sind lediglich das genaue Maß von Anstrengung, um unsere Pläne in jedem beliebigen Bereich zu verwirklichen, und das geeignete Wissen, um die verschiedenen Probleme des Daseins zu begreifen und in Angriff zu nehmen.

Der erste Schritt zur Entwicklung des signifikativen Vermögens besteht darin, unsere Fähigkeit zur Erkenntnis der konkreten Wirklichkeit zu optimieren, indem wir unseren Wachheitsgrad durch eine Kombination verschiedener Übungen und Disziplinen erhöhen. Der Erfolg erfordert eine hohe Motivation; wir können ihn erreichen, wenn wir die enormen Vorteile erkennen, die uns ein solches Training ermöglicht. Wir sollten akzeptieren, dass wir wahren

Reichtum allein in unserem Inneren entwickeln können und dass diese Entwicklung von unserer persönlichen Anstrengung und Disziplin abhängt. Wir sollten begreifen, dass wir für die Entwicklung dieses Reichtums niemanden um Erlaubnis bitten müssen und dass uns keine menschliche oder göttliche Macht diesen Reichtum entziehen kann, wenn wir ihn einmal erreicht haben.

Ohne jeden Zweifel wird uns dieses Vorgehen die Verwirklichung unserer inneren Wünsche erlauben. Dazu müssen wir Güter unserer freiwilligen Herstellung („Bewusstseinswährung") gegen andere Güter eintauschen, die uns fehlen, und dabei daran denken, dass spirituelle Güter dem göttlichen Bereich eignen und uns als einzige wirkliches Glück und Wohlergehen verschaffen können.

Welche sind nun unsere „innersten" Wünsche? Offenkundig jene, die dem Sein entspringen und wahrheitsgemäß als „eigen" gelten können – im Gegensatz zu denen des informatischen Symbionten. Letztere sind nichts anderes als entfremdende Strukturen, die sich für etwas dem Individuum Eigenes ausgeben, ebenso wie bestimmte Viren das Immunsystem täuschen, um unerkannt zu bleiben.

Wenn ich in diesem Buch den Terminus „göttlicher Bereich" verwende, tue ich es wohlgemerkt nicht in religiösem oder metaphysischem Sinne, sondern in Bezug auf die physische Wirklichkeit eines Universums, in dem es die vorherrschende Quantenverschränkung einer höheren Intelligenz möglich macht, alles mit allem zu durchdringen, wie ich in meinem Buch *Moral para el Siglo XXI* erläutere.

Kosmische Währung

Übung 1
Völlige Bewegungslosigkeit

Diese Übung dient der Erhöhung des Wachheitsgrades und richtet sich nach den Grundsätzen, die ich in meinem Buch *Hipsoconciencia* darlege. Sie beruht auf einem Durchbrechen des motorischen Automatismus, das mit einer Steigerung des Wachheitsgrades einhergeht.

Die Übung besteht darin, 10 Minuten lang in einem Zustand der Bewegungslosigkeit zu verharren, und sollte zu jeder Tageszeit – außer abends, da sie Schlaflosigkeit verursachen kann – täglich praktiziert werden.

Wohlgemerkt sind wir niemals, zu keinem Zeitpunkt, vollkommen bewegungslos. Unsere Bewegungslosigkeit ist stets relativ; so weisen beispielsweise im Schlaf unsere Augäpfel spasmodische Bewegungen auf.

Zur völligen Bewegungslosigkeit setzen wir uns zunächst auf einen Stuhl, wobei wir Kopf und Wirbelsäule aufrechterhalten, die Hände auf die Knie legen und uns zwei Minuten lang in relativer Bewegungslosigkeit entspannen. Anschließend verschränken wir kräftig unsere Hände und atmen tief ein, bis unsere Lungen mit Luft gefüllt sind. Dabei versetzen wir den gesamten Körper eine Minute lang in höchstmögliche Spannung und halten den Atem an, solange es möglich ist.

Dann atmen wir mit halb geöffneten Lippen durch den Mund aus, legen die Hände wieder auf die Knie und versuchen, uns vollkommen zu entspannen und völlig bewegungslos zu sitzen. Gleichzeitig fixieren wir den Blick auf einen Punkt an der Wand und wiederholen in Gedanken, mit großer Bestimmtheit: „Ich bin wach." Dabei erhalten wir das Bild einer höheren Art des Aufwachens, etwa wie ein „totales Aufwachen".

Diese Phase sollte eine Dauer von sieben Minuten haben. Für eine erfolgreiche Übung sollten wir eine absolute, nicht nur relative Bewegungslosigkeit erreichen. Kleine Bewegungen der Schultern, des Kopfes und der Arme sind also zu vermeiden, die Muskeln der Stirn und zwischen den Augenbrauen sollten wir besonders entspannen.

Augenlider und Augäpfel sollten völlig entspannt sein, sodass auch kleine Zitterbewegungen verschwinden – dies ist der schwierigste Teil der Übung.

Für eine erfolgreiche Entspannung der Augen sollten wir zu einem anderen Zeitpunkt des Tages ausschließlich die Bewegungen und das Zittern der Augen beobachten, um das Gefühl zu identifizieren, das für eine vollkommene Entspannung beseitigt werden muss.

Die fortschreitende Übung führt zu einer deutlich spürbaren Steigerung des Wachheitsgrades, die an folgenden positiven Wirkungen zu erkennen ist: größere Klarheit des Denkens, intensivere und schärfere Wahrnehmung der Umgebung, Milderung oder Verschwinden von Angstzuständen, stärkeres Gefühl innerer Sicherheit, verbesserte emotionale Stabilität, Selbstbewusstsein, erhöhte Kontrolle über das eigene Denken, Anregung des Kreislaufes und Stärkung des Immunsystems.

Wie lange sollte diese Übung vorgenommen werden?

Mindestens solange, bis ihre Vorteile sichtbar werden, was im Wesentlichen von der richtigen inneren Verfassung, Beständigkeit, Begeisterung und Präzision abhängt, mit der sie durchgeführt wird.

Ich empfehle, vor Beginn der Übung ein persönliches Tagebuch anzulegen, in dem die angestrebten Vorhaben notiert werden und eine Selbstevaluation in folgenden Punkten vorgenommen wird:

- Krankheiten
- Stärke der Beklemmungs- oder Angstgefühle
- Schlafstörungen (falls sie auftreten)
- emotionale Schwierigkeiten
- Angstvorstellungen
- Frustrationen
- unerfüllte Wünsche
- Selbstwertgefühl (Selbstbild)
- konkrete materielle Schwierigkeiten
- Ausmaß von Glück oder Unglück
- alltägliche Energie
- Harmonie oder Disharmonie in Familie oder Partnerschaft
- optimistische oder pessimistische Gedanken

Diese Evaluation dient der Messung von Veränderungen, die nach Durchführung der verschiedenen Übungen eintreten.

Übung 2
Entwicklung des signifikativen Vermögens

Diese Übung sollte 60 Tage nach Beginn der ersten Übung vorgenommen werden. Nach dieser Zeit sind wir bereits dazu in der Lage, unser signifikatives Vermögen zu nutzen und zu prüfen, indem wir versuchen, zum tieferen Sinn der folgenden Fragen und Feststellungen zu gelangen.

- Wer bin ich? Was will ich erreichen?

- Was ist ein Individuum im Unterschied zu anderen Individuen wert?

- Es gibt keinen anderen transzendentalen Reichtum als den inneren.

- Es gibt keine andere Armut und keinen anderen Reichtum als die, die im Inneren des Individuums entwickelt werden.

- Wirtschaft und Finanzen in der Welt stehen in Widerspruch zu den Gesetzen der Natur. Sie stellen eine künstliche finanzielle Verzerrung dar und sind damit eine der Ursachen für die Armut auf dem Planeten.

- 95 % des vorhandenen Geldes ist von den Banken durch das Kreditsystem erzeugt worden und hat daher schon in seinem Ursprung den Charakter von Schulden.

- Der einzige Reichtum, der in der Natur über Macht verfügt, ist der „innere Reichtum". Gold dient nur den Banken und dem internationalen Finanzkapital.

- Universales Depot aller Güter ist die kosmische Natur. Eines ihrer Gesetze ist das des kosmischen Merkantilismus; es lautet: „Ich muss das Äquivalent von dem geben, was ich nehmen will."

- Im Bereich der Natur ist nichts umsonst; alles unterliegt dem Tausch, wie es im Reich der Tiere und Pflanzen der Fall ist. Die Pflanzen ernähren sich von Sonnenlicht und Erde, um anschließend verschiedenen Lebewesen als Nahrung zu dienen. Es besteht ein ständiger Energieaustausch zwischen den verschiedenen Lebewesen und der Natur, und jedes Lebewesen erfüllt eine bestimmte Funktion.

Kosmische Währung

- Um einen Wunsch zu erreichen, müssen wir ihn zunächst der Natur bezahlen. Dazu nähren wir sie mit Arbeit, Bewusstsein, Beständigkeit, Ethik und Energieprojektion, was unser persönliches Verdienst darstellt und die Währung bildet, in der wir unsere Wünsche bezahlen.

- Wird etwas erreicht, ohne zuvor diesen Prozess durchlaufen zu haben, so fehlt das Verdienst, weshalb das Gewünschte verloren geht oder aus unerwarteten Gründen zu Schmerz und Leiden führt.

- In einem vollkommen anderen Bereich ist zu begreifen, dass ein Mensch sein wichtigstes Kapital in dem „inneren Reichtum" (IR) besitzt, den er zu entwickeln vermag.

- Der IR ist konvertierbar in Talent, Kreativität, spirituelle Güter, Lebensqualität, Frieden, Sicherheit, Glück und (dem eigenen Verdienst gemäß) materielle Güter. Er ist das Endergebnis eines im Zustand höheren Wachens vollzogenen Lernprozesses.

- Die innere Armut ist das Ergebnis eines im Zustand mangelhaften Wachens stattgefundenen Lernens.

- Mit Hilfe eines besonderen, der bewussten Verarbeitung unserer alltäglichen Erfahrung dienenden Verfahrens kann jeder den IR entwickeln. Das Verfahren besteht darin, aus der alltäglichen Erfahrung deren Quintessenz zu ziehen, um aus dieser die wesentliche „Bedeutung" zu gewinnen, die der Hauptbestandteil des IR ist.

- Manche Menschen besitzen Inhalt, andere nicht. Dies ist nicht vom Bildungsgrad abhängig, sondern von dem Besitz oder Mangel einer bestimmten Menge an IR, wie bescheiden sie auch sei.

- Bei allem Reichtum an Gold ist ein Mensch in Wirklichkeit arm, wenn er nicht über ein Mindestmaß inneren Inhalts verfügt.

- Der „Materialismus" ist nur Ausdruck der inneren Leere der Menschen.

- Das Wertvollste im Universum ist der „innere Reichtum" als Bewusstseinsenergie, zu der die alltägliche Erfahrung sublimiert ist (also die aus der täglichen Erfahrung durch ein Leben im Zustand höheren Wachens gewonnene wesentliche Bedeutung).

- Die Speicherung von IR verleiht dem Menschen große Macht, unter der Voraussetzung, dass sein Verhalten höheren ethischen Normen entspricht.

- Ungeachtet seiner aktuellen Umstände kann ein Individuum den IR verwenden, um sein Leben graduell zu verändern und schließlich die Wünsche zu befriedigen, die aus dem Bewusstsein des Seins fließen. Diese Wünsche sind qualitativ völlig verschieden von denen, die der Persönlichkeit und den unzähligen Launen und Leidenschaften des Individuums entspringen.

- Tätigkeiten, die für den Menschen eine übermäßige Förderung der zerebralen Leere bedeuten, werden übermäßig belohnt. Die Gehirne werden betäubt mit seichter Literatur, die Menschen bloßstellendem Kino und einem „verblödenden" Fernsehen, das auf niedere Leidenschaften, Gewalt, Absurdes und Groteskes setzt.

- Wahrer Erfolg ist der eines Individuums, das sowohl auf seinem Entwicklungsweg als auch in materiellen Dingen triumphieren kann.

- Der Schöpfer hat uns auf diesen Planeten gesetzt, damit wir uns individuell entwickeln. Wem dies nicht gelingt – und sollte er alles Gold der Welt besitzen –, der kann sich als gescheitert betrachten.

- Der Erfolg im Leben gründet auf Erkenntnis der Wirklichkeit, die uns umgibt. Wenn wir dies erreichen, begreifen wir auch die Gesetze, nach denen wir gewinnen oder verlieren.

- Unser Misserfolg hat seinen Ursprung in dem Bestreben, wirklichkeitsfremde Schemata in einer materiellen Welt durchzusetzen.

- Um Erfolg zu haben, müssen wir uns in der wirklichen Welt bewegen. Andernfalls werden wir letztendlich immer nur Träumen und Einbildungen nachjagen.

- Die einzige Möglichkeit eines guten Kontakts mit der Realität besteht in einem hohen Wachheitsgrad.

- Die meisten Schwierigkeiten der Menschen gründen auf einer falschen Deutung der Wirklichkeit: Durch Projektion der eigenen Wahnbilder werden Sequenzen fantastischer „Nebenwirklichkeiten" gebildet.

- Wirklichem (innerem) Reichtum kann keine natürliche oder finanzielle Katastrophe etwas anhaben. Er bleibt auch von Krieg und Inflation unversehrt und kann weder gestohlen noch vernichtet werden.

- Durch richtige Anwendung des IR kann jeder noch so bescheidene Mensch erfolgreich sein und jene, denen die Sache unbekannt oder unbegreiflich ist, sogar überflügeln.

- Äußerer Reichtum bringt den Menschen weder Glück noch wahre Lebensqualität.

Diese Sätze sind freilich nur ein einfaches Beispiel des Wissens, das sich in Bezug auf Reichtum und Ökonomie zu beherzigen lohnt.

Jeder Leser sollte sie um die Begriffe ergänzen, die für sein tägliches Leben von Bedeutung sind.

Es sei einmal mehr daran erinnert, dass der Zweck dieser Überlegungen darin besteht, eine signifikative Begriffsebene zu erreichen, und dass dies nur erreichen kann, wer über die informative Ebene hinaus zur wesentlichen Tiefe vordringt.

Dies impliziert eine höhere kognitive Durchdringung der relevanten Fragen, jenseits des äußeren Scheins.

Überlegungen zu diesen Sätzen

Durch Studium und Auswendiglernen wäre nichts gewonnen, denn es ist nötig, zu tieferen Bedeutungsebenen vorzustoßen. Dazu seien die Gesetze des Lernens im Zustand höheren Wachens kurz angeführt.

Kosmische Währung

Vor dem Lesen und den Überlegungen zu den einzelnen Sätzen sollte man das Denken beruhigen, um es kontrollieren zu können. Dies lässt sich durch folgende vorbereitende Übung erreichen:

Bequem und mit aufrechter Wirbelsäule auf einem Stuhl sitzend, atmen wir tief durch die Nase ein und halten den Atem 30 Sekunden lang oder so lange wie möglich. Anschließend atmen wir mit halb geöffneten Lippen langsam durch den Mund aus, bis die Lungen völlig entleert sind. Nach 30 Sekunden Pause wiederholen wir diesen Zyklus sieben Mal. Dann atmen wir normal weiter, richten unsere Aufmerksamkeit aber weiterhin auf die eigene Atmung, bleiben uns dieser also bewusst.

Wir lesen jeden Satz langsam, ohne jede Hast, und lesen ihn anschließend sooft wie nötig laut vor. In einem Heft notieren wir alles, was uns aus den Sätzen deutlich geworden ist.

Man sollte die häufige Wiederholung eines Satzes nicht scheuen, denn bei schwer verständlichen Begriffen ist lautes Vorlesen mit sorgfältiger und aufmerksamer Aussprache oft eine erhebliche Erleichterung für das Verständnis.

In gewisser Weise liefert dieses Buch die Rechtfertigung oder Untermauerung für die Feststellungen der verschiedenen Sätze. Es ist jedoch wichtig, keine der Behauptungen einfach gutgläubig zu akzeptieren, denn dies schafft keinerlei innere Kraft. Vielmehr muss jeder Leser die Tiefe und Wahrheit jedes Gedankens selbst begreifen, da sich erst dadurch positive Änderungen in seinem Inneren vollziehen können.

Die Sätze sollten durchdacht werden, bis sich ihre tiefe Bedeutung erschließt, bis also die unmittelbaren Konsequenzen dieser Feststellungen sichtbar werden.

Der Zweck dieser Meditation geht weit über das Theoretische hinaus, denn sie dient der Bildung eines für den ganzheitlichen Erfolg geeigneten „geistigen Registers". Ein solcher Erfolg besteht in der Annäherung an die menschliche Exzellenz und an die Güter, die mit ihr einhergehen. Es ist nicht besonders nützlich, die Begriffe zu studieren oder auswendig zu lernen, da nur ihr tiefes Verständnis zu ihrer wesentlichen Bedeutung führt.

Ihre Wichtigkeit lässt sich daran ablesen, dass „signifikatives" Wissen eine Macht darstellt, die es ihrem Träger ermöglicht, den Geist auf die materielle Welt einwirken zu lassen.

Logischerweise nützt es dem Leser denkbar wenig, dass ich selbst es verstehe. Seine Vorbereitung besteht in der geistigen Entschlüsselung dieser Lehre, indem er lernt, in einem Zustand höheren Wachens zu denken.

Lieber Leser: Seien Sie versichert, dass Sie für den Erfolg im Leben keine Erlaubnis von irgendjemandem brauchen und dass Sie von diesem Augenblick an zur Tat schreiten können.

Machen Sie sich keine Sorgen, wenn niemand ihnen hilft: Sie brauchen weder die Hilfe der Banken noch Unterstützung vom Staat.

Wenn Ihnen der Erfolg angesichts Ihrer bisherigen Erfahrung als etwas sehr Schwieriges erscheint, haben Sie sicher trotz Ihrer Anstrengung nicht das Richtige getan. Das ist nicht weiter schlimm; Sie können von vorn beginnen und mit der Macht des IR zum Erfolg gelangen.

Wenn sich nun die Frage stellt, ob es für die Wirksamkeit des „inneren Reichtums" nötig ist, einen Glauben zu haben, so wäre Folgendes zu antworten: Man benötigt keinen Glauben, aber man sollte auch den „Antiglauben" ablegen, der diese Lehre einfach verwirft und sich nicht die Mühe macht, sie rational zu begreifen und umzusetzen.

Meist sind wir Bekanntem gegenüber äußerst aufgeschlossen und versperren uns dagegen allem, was der Starrheit der eigenen Vorstellungen nicht entspricht.

Es ist diese Besonderheit des menschlichen Denkens, die uns immer wieder an denselben Dingen scheitern lässt – ob im wirtschaftlichen Bereich, in der Partnerschaft oder in der zwischenmenschlichen Kommunikation. In der Tat bestehen wir hartnäckig darauf, unserem bekannten und bequemen Verhaltensmuster weiterhin zu folgen. Führt dies zu keinem Ergebnis, so schieben wir die Schuld auf äußere Umstände, statt einzusehen, dass wir uns um 180 Grad drehen müssen.

In dieser Arbeit schlage ich einen Umbau des Bewusstseins vor. Seine Rekonstruktion ermöglicht es, eine geheimnisvolle Zutat herzustellen, die ich „inneren Reichtum" (IR) genannt habe. Es könnte dasselbe sein, wonach die alten Alchemisten suchten, um „Blei in Gold zu verwandeln", wie sie selbst behaupteten. Das wahre Geheimnis betraf die Errungenschaft einer spirituellen Vervollkommnung: „Transmutation der unedlen Metalle in Gold", was in seiner philosophischen Bedeutung die Umwandlung der Leidenschaften (unedle Metalle) in Gold (höheres Bewusstsein) darstellt.

Verständlicherweise verleitete ihre Gier die Menschen zu dem Glauben, es handele sich um die materielle Herstellung von Gold, und viele büßten ihr gesamtes Vermögen ein, indem sie sich in alchemistischem Formelgewirr verstrickten.

Ich fürchte freilich nicht, dass die hier vorliegende Lehre falsch angewendet werden könnte, denn zur Herstellung von (spirituellem) Gold ist es nötig, bereits eine bestimmte Menge desselben spirituellen Goldes (inneren Inhalts) zu besitzen, so winzig sie auch sei.

Dunkle, von Gier und räuberischem Instinkt getriebene Seelen, die sich an der Herstellung dieser höchsten Energie versuchen, werden ohne jeden Zweifel scheitern.

Gegenüber jenen, die den Meinungen der Mehrheit folgen und den Ikonen des nicht signifikativen rationalen Wissens huldigen, will ich bemerken, dass es auf der Erde viel mehr merkwürdige Dinge gibt, als man glauben würde. Ich respektiere ihre Skepsis, denn die logische Tendenz des Individuums besteht darin, stets an das zu glauben, was es schon immer geglaubt hat, und alles zu verwerfen, was sich nicht in dieses Schema fügt.

Welch enorme Vergeudung aber, falls ich Recht haben sollte! Allerdings sollte ich klarstellen, dass ich nicht derjenige bin, der Recht zu haben behauptet, denn die dargelegten Prinzipien werden durch ihr Gewicht ihre Wahrhaftigkeit selbst bekräftigen. Ich bin nur ein bescheidener Philosoph und beschränke mich darauf, physikalische Gesetze des Lebens aufzuzeigen, die der breiten Allgemeinheit unbekannt sind. Wenn ihr also zweifeln wollt, so zweifelt an der Natur; denn wenn sie Recht hat, wird sie sich nicht von der Ungläubigkeit stören lassen und weiter nach denselben Gesetzen vorgehen, denen sie seit dem Anfang des Universums folgt, ebenso wie reife Äpfel von den Bäumen fallen können, ohne dafür eines menschlichen Glaubens an die Gravitation zu bedürfen.

Freilich werdet ihr die Gelegenheit vertun, zu den höchsten spirituellen Gütern zu gelangen, die dem Menschen Freiheit, Frieden, Sicherheit, Liebe und innere Zufriedenheit verschaffen.

Überhaupt sind Glaubensbekenntnisse und Meinungen in dieser Sache vollkommen irrelevant. Wirklich wichtig ist es, sich den Respekt der kosmischen Natur zu verdienen, um ihre kognitiven, spirituellen und materiellen Güter teilen zu können, und diese Achtung erwirbt man durch strikte Einhaltung der höheren ethischen Prinzipien: Spiritualität, Harmonie und Brüderlichkeit.

Ihr könnt versichert sein, dass die Natur euch genau im Maße eurer spirituellen Werte achten wird. Umgekehrt wird euch keinerlei Verdienst zukommen, wenn ihr euch wie zynische Materialisten verhaltet, die jeden spirituellen Wert leugnen und davon ausgehen, dass es dem Menschen erlaubt sei, jedem seiner Wünsche einfach nachzugehen – ganz gleich, wie willkürlich, unehrlich oder unaufrichtig er sei.

V

Für
bescheidene Menschen

Wer durch seine soziale Herkunft oder seine Lebensumstände keinen Zugang zu Bildung und Erziehung hatte, könnte der sicheren Möglichkeit einer völligen Veränderung seines Lebens mit Furcht, Unglauben oder Misstrauen begegnen.

Vielleicht nehmen Sie dieses Buch in die Hand und verstehen es nicht, weil es trotz meiner Bemühungen um Klarheit voll von Begriffen ist, die in unserem gewöhnlichen Dasein fehlen.

Es gibt sehr einfache Menschen, die sich in ein Schicksal materieller und kultureller Enge gefügt haben und mit Neid oder Bewunderung zu „den Reichen" (die Gold haben) aufblicken. Gleichzeitig haben sie das Gefühl, dass zwischen zwei Klassen eine unüberwindliche Mauer steht, die nur durch eine soziale Revolution zu Fall gebracht werden kann.

Freunde aus der bedürftigsten Klasse: Gebt den Glauben an politische und ökonomische Utopien auf. Der Klassenkampf lässt sich vermeiden, denn die Rettung liegt nicht in der Güte dieser oder jener Regierung, sondern in der individuellen Selbstbefähigung, wie ich sie in dieser Arbeit erläutere.

Hört auf, politische oder staatliche Hilfe von außen zu erwarten, denn ihr tragt den Reichtum in eurer eigenen Innenwelt und müsst ihn nur noch entwickeln.

Mit der Zeit wird deutlich, dass klassische Revolutionen sich immer in Kreisen bewegen und stets an ihren Ausgangspunkt zurückkehren, wie der Historiker Will Durant bemerkt. Die Revolution führt zu einer Umverteilung des Reichtums. Dieser wechselt den Besitzer, sodass die „Oberen" von einst nun die „Unteren" sind, und umgekehrt. Es kommt aber immer die Zeit, in der der Reichtum sich wieder in den Händen der Talentierteren konzentriert, womit alles wieder ist wie zu Beginn.

Revolution („revolución"): „Drehung eines Gegenstandes um seine Achse" (Wörterbuch der Königlichen Spanischen Akademie).

Der materielle Reichtum hat für das Individuum eine doppelte Konnotation als zugleich tadelns- und wünschenswert angenommen. Tadelnswert, wenn er anderen gehört – wünschenswert, wenn man ihn selbst besitzt.

Der monetäre Überfluss diskriminiert viele und belohnt nur einige wenige. Es ist also an der Zeit, die Existenz eines viel höheren Schatzes zu begreifen. Er ist für jeden erreichbar, der zur Arbeit an sich selbst bereit ist.

Wer anderen nicht zufügt, was er selbst nicht erleiden möchte, ist reif für seine Befähigung zur „Herstellung und Ausgabe von *kosmischer Währung*". Ausgenommen sind freilich jene, die gegen persönliche Arbeit und Anstrengung allergisch sind und nach allem suchen, was geschenkt, leicht oder umsonst ist. Diese drei Begriffe lassen sich auf einen Großteil der Erfolglosen anwenden.

Die einzige Möglichkeit einer endgültigen Veränderung besteht in dem Weg einer freiwilligen und individuellen Entwicklung durch echte spirituelle Arbeit, die in einer aufsteigenden Spirale zu einer tieferen Wirklichkeit führt. Das völlige Unwissen in Bezug darauf, was Spiritualität und Entwicklung der inneren Welt eines Individuums wirklich sind, verringert aber die Wahrscheinlichkeit einer „evolutionären Revolution", sodass lediglich die Chance des Einzelnen bleibt.

KOSMISCHE WÄHRUNG

Die Spirale ist das sinnfälligste Symbol für einen aufsteigenden Prozess des Wachstums und der Entwicklung. Die größten Hindernisse dabei ergeben sich aus dem beschränkenden Einfluss des weiter oben beschriebenen informatischen Symbionten, der die Freiheit des Denkens vereitelt, wie sich in folgendem Satz zusammenfassen lässt: „Wir denken nicht, sondern etwas denkt an unserer Stelle." Jenes „Etwas" ist im Allgemeinen die Psychologie der Masse oder das ungeheure weit verbreitete Paket der von Werbung und Propaganda erzeugten subliminalen Information.

Im wirtschaftlichen Bereich kann das zum Überleben für ein privates Unternehmen im Wettbewerb erforderliche Gewinnprinzip zu einem Verfall der Werte führen, da sich die Notwendigkeit aufdrängt, ein Produkt zu verkaufen (welches immer es auch sei: ein Ding, ein Künstler, eine Malerei, ein Staatspräsident). Entsprechend erfordert es das Marketing, die Vorlieben der großen Mehrheit zu erkennen, also die Qualität des Produktes herabzusetzen, um es zu verkaufen.

Gehen wir davon aus, dass die mehrheitliche Meinung der Masse immer mittelmäßig (durchschnittlich) im Sinne der Statistik ist, so wird das Gewinnprinzip, als wirtschaftlicher Beweggrund von Unternehmen, zu einem gewichtigen Faktor für den Verfall der Werte, die an die Vorlieben der Menge angepasst werden müssen.

So erklären sich die heutige Popularität von grotesker Kunst, vulgärem, aggressivem und geschmacklosem Fernsehen und dekadenter Musik wie auch die Faszination für Schmutz und Gewalt, die Unflätigkeit in der Sprache, die inhaltslose, nur auf seichte Befriedigung abzielende Literatur, der sensationslüsterne Skandaljournalismus und der als soziale Bewegung verbrämte Terrorismus.

Der Reichtum liegt weder im Gold noch in Kontrolle oder Eigentum an den Produktionsmitteln. Er entspringt vielmehr der Arbeit jedes Einzelnen. Kümmert euch nicht um die Bourgeoisie; lasst sie in Frieden und kümmert euch um euer eigenes Wohlergehen

77

Der Kaufpreis von allem, was in der Welt produziert wird, enthält bereits die Zinsen der vom Produzenten aufgenommenen Bankdarlehen. Der Produzent verkauft an einen Zwischenhändler, der auch bei der Bank geliehen hat, und der Verbraucher schließlich kauft ebenfalls mit Geld von der Bank.

Entsprechend dieser Kette stellt die Auslandsverschuldung der Staaten eine ungeheure Geldmenge dar, die den Banken geschuldet wird. Oft sind Erstere zwecks Begleichung der Zinsen dazu gezwungen, die Steuern zu erhöhen.

Wer zahlt für diese Kette von Zinsen über Zinsen und Steuern über Steuern?

Offenkundig das Volk einschließlich der bedürftigsten Menschen, denn die von ihnen gekauften Waren sind mit Zinsen und Mehrwertsteuer verteuert worden.

So ist der vom Industriekapital abgeworfene Gewinn relativ bescheiden, während Darlehen mit Zinseszins für sehr hohe Gewinne sorgen.

Lieber Freund aus der bedürftigsten Klasse: Vergeuden Sie nicht Ihr Leben in der Erwartung fremder Hilfe, lassen Sie sich nicht von der materiellen und kulturellen Übermacht der Reichen einschüchtern. Fühlen Sie sich nicht elend oder frustriert: Wenn Sie die Macht in sich herausarbeiten, werden Sie alle Ihre Wünsche verwirklichen können.

Dafür müssen Sie aber die Ohren gegenüber jenen verschließen, die Sie zur Verurteilung oder Verachtung bestimmter Gruppen oder Menschen anhalten, denn andernfalls werden Sie ihr gesamtes Leben in einem negativen, lähmenden Zustand verbringen. Das Problem besteht darin, dass Sie vielleicht weder Bildung noch Geld haben und verzweifelt nach einem Ausweg aus diesem Teufelskreis suchen.

Wenn Sie Ihre Energie in die Entwicklung der Kraft Ihres „inneren Reichtums" investieren und dies in einer einwandfreien und innerlich vollkommen engagierten Weise tun, so kann ich Ihnen versichern, dass Sie jene Leute werden überflügeln können, die jetzt so weit über Ihnen zu stehen scheinen.

Beweisen Sie Ihre Selbstliebe, indem Sie die Verantwortung für Ihr eigenes Schicksal übernehmen. Wenn alle dasselbe tun, wird sich eine solidarische Hand über soziale und ethnische Diskriminierung hinweg ausbreiten.

Wenn alle im wahren Sinne des Wortes reich sind, wird es – falls eine solche Zeit denn kommen sollte – keinen Klassenkampf mehr geben.

Das schwerwiegende Problem besteht in dem Überfluss materiellen Reichtums bei gleichzeitigem emotionalen und kognitiven Elend, in Verbindung mit einer dunklen Seele und einem schattenhaften Denken.

Wie kann ein Ausgleich gegenüber anderen geschaffen werden, die eine lichtvolle Seele, aber leere Taschen haben?

Die Lösung ist das Erreichen einer Ebene, die über dem irdischen monetären Überfluss liegt, denn die Herrlichkeit des Geldes ist innerhalb der Natur vollkommen wertlos, während der „innere Reichtum" ein wirklicher Wert innerhalb eines Universums ist, das immer der Energie, der Ordnung und der Harmonie bedarf.

Das höhere Bewusstsein oder der IR steht mit dem Kosmos in einer Beziehung der *Rückkopplung,* und unser physischer Körper ist der Resonanzkasten, der mittels *Photonenimpulsen* Information sendet und empfängt.

Der Reichtum an Geld ist auf die Erde beschränkt, wir könnten ihn „irdisches Geld" nennen. Der IR dagegen verdient die Bezeichnung „kosmisches Geld" und gilt für energetische Transaktionen mit der irdischen und himmlischen Natur.

Denken Sie aber daran, dass die höhere Form des Reichtums innerlich ist und dem himmlischen Embryo (dem göttlichen Funken) eines jeden Menschen innewohnt. Diese Kraft kann verstärkt und entwickelt werden, um kreatives Talent und höheres Bewusstsein zu erzeugen.

Was wird hierfür benötigt?

Nichts weiter, als genau in diesem Augenblick zur Tat zu schreiten.

Talent und Genius des Menschen waren niemals Monopol der Oberschicht. Bestimmt verfügen auch Sie über großes Talent, denn auch Sie haben einen göttlichen Funken, aus dem es entspringt. Sie müssen es nur erkennen und entwickeln.

Vergessen Sie ihre negativen Gedanken, widerstehen Sie den Versuchungen, setzen Sie sich für die Entwicklung ihrer eigenen Kraft ein, und Sie werden es nicht bereuen.

Seien Sie nicht egoistisch, wenn Ihnen die Befähigung gelingt. Teilen Sie Ihr Wissen mit Ihren Nachbarn und Mitmenschen, geben Sie es an Ihre Kinder und an die gesamte Jugend weiter.

Bilden Sie Gruppen für „inneren Reichtum" (IR) und arbeiten Sie mit anderen Menschen zusammen.

Verbreiten Sie die höheren Werte der Brüderlichkeit, der Liebe, der Selbstdisziplin, der Entwicklung von Charakter und Willenskraft, der Ritterlichkeit und des Anstands.

Machen Sie sich innerlich stark, und Sie werden in allem erfolgreich sein, was Sie sich vornehmen. Ihre Kraft darf aber soziale Sensibilität, Bewusstsein, Brüderlichkeit und Güte nicht ausschließen.

Junge Menschen, die den Drogen zum Opfer gefallen sind, können ebenso eine Chance erhalten, an diesen Arbeiten teilzuhaben, damit jene Kraft ihnen hilft, einen Sinn im Leben zu erblicken.

Die Arbeitsanleitung ist in diesem Buch enthalten.

Folgen Sie ihr genau und beständig; Sie werden es nicht bereuen.

VI

Erziehung des Willens

90 Tage nach dem Begreifen dieses Buches

Über einen Zeitraum von 90 Tagen ist folgender Satz täglich 5 Minuten lang vor einem Ganzkörperspiegel wiederholt auszusprechen:

„Ich bin Wille, ich soll alles verwirklichen können, was ich will."

Es ist von vornherein klarzustellen, dass diese Übung vollkommen wirkungslos ist, wenn sie sich auf eine mechanische Wiederholung des genannten Satzes beschränkt. Er muss vielmehr mit Autorität, Mystik, Kraft, Gefühl und Überzeugung ausgesprochen werden, als würde er etwas bereits Gegebenes feststellen.

Ebenfalls ist der Hinweis unerlässlich, dass es sich nicht um eine Übung zur Autosuggestion nach dem Motto: „Wer glaubt, das er kann, der kann tatsächlich" handelt. Ganz im Gegenteil basiert sie auf einem uralten Gesetz, das den Weisen der Antike bekannt war und das wir „vibratorische Polarisation" nennen können. Es entspricht dem Prinzip, dass sich unter bestimmten Bedingungen „Gleiches mit Gleichem vereint".

Nachdem die Übung eine Zeit lang durchgeführt worden ist, steigern sich das Selbstvertrauen und die Selbstsicherheit, und der Mitwirkungsgrad des Unbewussten erhöht sich ebenfalls.

Jedes Mal, wenn ein Mensch bei der Erfüllung seiner erklärten Vorhaben nachlässig ist, entfernt sich das Unbewusste weiter von dem bewussten Teil; oft rebelliert es gegen das, was der Mensch sich vorgenommen hat.

Es handelt sich um eine innere Reaktion in Widerspruch mit dem Wunsch des Individuums, die all seine Pläne misslingen lassen kann.

Ein Teil des Denkens plant also etwas, während der dunkle Teil (das Unbewusste) dagegen opponiert und die Wünsche vereitelt.

Eine der möglichen Abhilfen hierfür besteht darin, Autorität über das Unbewusste zu gewinnen, das leichtgläubig und schüchtern wie ein Kind ist. Zu diesem Zweck ist der Wille des bewussten Teils zu stärken.

Wer gerade diese Zeilen liest, gehört wahrscheinlich zu der großen Mehrheit der Menschen, die davon überzeugt sind, dass sie keine Willenskraft besitzen und auch unmöglich entwickeln können.

Man muss nur versucht haben, eine Schlankheitsdiät einzuhalten, früh aufzustehen oder sich eine sofortige Befriedigung in Erwartung eines größeren künftigen Vorteils zu versagen, um mit der Schwierigkeit dieser Aufgabe vertraut zu sein. Sie tritt einfach immer dann auf, wenn man nicht wollen kann und sich darauf beschränkt, zu *begehren*.

Zwischen Wollen und Begehren liegt ein denkbar tiefer Graben, denn einfaches Begehren war noch nie ausreichend, um Pläne zu verwirklichen. Besser gesagt: „Das Begehren ist kein Plan", sondern ein angenehmes Bild von etwas, das wir gerne hätten, deren Fehlen uns aber keine größeren Probleme bereitet.

Das Begehren hat keinen Willen, sondern lediglich Appetit.

Kosmische Währung

Unterschiede zwischen Begehren und Wollen

- *Das Begehren:*

    verpflichtet zu nichts
    ist für faule Menschen suchtfördernd
    geht mit keinem Risiko einher
    ist passiv
    kann unerfüllt bleiben, ohne dass wir deshalb zugrunde gehen
    ist vielfältig (wir begehren viele Dinge gleichzeitig)
    ist ein Spiel
    geht aus Launen hervor
    ist willkürlich

- *Das Wollen:*

    erfordert vollkommenes inneres Engagement
    muss ernst genommen werden
    bedeutet ein kalkuliertes Risiko
    ist aktiv
    wird von der Willenskraft gelenkt
    fordert unbedingte Erfüllung des Angestrebten
    betrifft das Denken, die Emotion und die Handlung

Begehren kann man vieles, aber es handelt sich dabei um ein einfaches Spiel, in dem man sich gedanklich in angenehme Situationen versetzt. Dabei geht es darum, etwas Erfreuliches zu erhalten oder anregende Empfindungen zu genießen.

Beim Wollen besteht hingegen eine bewusste Planung dessen, was wir verwirklichen wollen.

Unnötig zu sagen, dass es nur sehr wenige Menschen gibt, die wahrhaftig, in einer gesunden Weise zu wollen vermögen, denn die Mehrheit der Menschen versteht nicht, worum es geht.

Die meisten sind nur in der Lage, in gestörter oder kranker Weise zu wollen, wenn sie von Wut, Neid oder Rachegelüsten besessen sind und große Entbehrungen eingehen, um jemandem etwas heimzuzahlen oder ihn anzugreifen, zu vernichten, zu beschimpfen und zu verleumden.

Fehlen ihnen der Hass, der Racheimpuls und die Destruktivität, haben sie keine Kraft zum Wollen und müssen sich mit dem Begehren zufrieden geben.

Leider reicht das Begehren nicht aus, um im Leben erfolgreich zu sein oder um sich der menschlichen Exzellenz anzunähern. Hier liegt einer der Gründe für die allgemeine Mittelmäßigkeit: Das Gift von Gewalt, Hass und Neid hat die Herzen vieler Menschen so verdorben, dass sie sich in diesem Zustand irgendwie stärker fühlen. Sie fragen sich aber nicht, ob diese Kraft licht oder dunkel ist.

Leider ist der Hass wie ein Virus, viel ansteckender als das Aidsvirus oder andere, während niemand von Liebe „infiziert" wird. Die Praxis des Guten und der Spiritualität erfordert nämlich eine enorme bewusste Anstrengung, die nur durch eine richtige Entwicklung des Charakters und des Willens möglich wird.

Paradoxerweise wird allgemein davon ausgegangen, dass die Willenskraft in der Energie besteht, „zu tun, was man begehrt". In Wirklichkeit ist der wahre Wille derjenige, durch den man vollbringen kann „was man vielleicht nicht begehrt, was aber das Richtige ist und daher getan werden muss".

So muss man vom Gesichtspunkt der Ethik aus die moralische und spirituelle Vollkommenheit anstreben, indem man die Lektionen des Lebens erlernt.

Dies entspricht dem Wissen, dass wir zu dauerhaftem Glück gelangen werden, wenn wir den Erwartungen der höchsten Intelligenz gemäß handeln.

Die Erläuterung so zahlreicher Gedanken und Begriffe in dieser Arbeit folgt hauptsächlich einem Grund: Die äußere und innere Realität und ihre Gesetze müssen begriffen werden, denn für den Erfolg in jedem Bereich brauchen wir eine zuverlässige Karte des Geländes, auf dem wir uns bewegen, und eine klare Vorstellung von unseren eigenen Stärken und Schwächen.

In den Wirtschaftswissenschaften wird beispielsweise auf der Notwendigkeit bestanden, die Funktionsweise des Marktes zu verstehen, da nur durch die Erfüllung seiner Anforderungen ein Erfolg möglich ist.

Wenn wir nicht begreifen, wie das Leben wirklich funktioniert, welche unsere eigenen Mechanismen sind und wie sich das Individuum zur Natur verhält, werden wir nie einen echten Erfolg genießen. Wir werden nur gelegentlich glauben, erfolgreich zu sein, und der natürliche Lauf der Zeit wird das Gegenteil beweisen.

Eine der goldenen Regeln dieses Buches lässt sich in folgendem Aphorismus zusammenfassen: „Alles, was man auf einer tiefen Ebene begreift, kann man erfolgreich in der Praxis steuern; Unbegriffenes ist unkontrollierbar."

Wenn Sie, lieber Leser, das Wesen des IR und seine Herstellungsweise begreifen, werden Sie dies auch materiell verwirklichen können.

Misserfolg im Leben haben diejenigen, die dieses Gesetz umkehren zu können glauben und Dinge zu tun versuchen, bevor sie sie verstanden haben und ohne zu wissen, warum oder wozu.

Am Ende des Lebens ist es denkbar wenig hilfreich, den Grund für das Scheitern oder den Verfall der persönlichen Projekte zu begreifen. Genau dies widerfährt aber den meisten Menschen in Verbindung mit der stetigen Entwertung ihrer eigenen Einbildungen und Illusionen.

Wir müssen jetzt begreifen, da es noch Zeit ist, in der äußeren Wirklichkeit die richtigen Schritte zu tun, ohne vom „Markt" eine Anpassung an unsere eigenen Wünsche, Einbildungen und Bedürfnisse zu erwarten.

Wenn Sie begreifen, was der IR ist, wie er wirkt und was er für Sie tun kann, wird der großartige Gewinn darin liegen, dass Sie nach intensiver Anstrengung schließlich den Augenblick erreichen werden, in dem Sie „begreifen, wie man begreift", und was dieser Ausdruck im Sinne einer Erschließung der signifikativen Ebene in den Dingen wirklich bedeutet.

Von diesem Augenblick an werden Sie sich nicht mehr von ihren Schwierigkeiten überwältigt sehen, denn Sie werden den tieferen Grund jeder Situation verstehen und dadurch aufhören, an den Zufall zu glauben. Sie werden vielmehr die Existenz einer höheren Kausalität einsehen, die alles im Universum Vorhandene vereint, und zu der bewussten Betrachtung einer ungeheuer großen und vielfältigen Kombination von Ursachen und Wirkungen gelangen, die das von uns als „Leben" Wahrgenommene erzeugt.

Ihre Haltung wird dann eine des Mitleids gegenüber den subjektiven Erklärungen sein, die von Medien und Meinungsforschern ausgegeben werden, um gesellschaftliche, politische, kriegerische, wirtschaftliche und finanzielle Ereignisse in der Welt zu erklären. Es wird Ihnen nämlich überaus deutlich sein, dass solche Erklärungen weit davon entfernt sind, der wahren Wirklichkeit zu entsprechen.

Von diesem Punkt an werden Sie auf dem Weg sein, ein Weiser im wirklichen Sinne des Wortes zu werden, auch wenn Sie niemals eine Schule besucht haben, und Sie werden alles haben können, was Ihr höheres Bewusstsein beschließt. Dies unter der Voraussetzung, dass Ihnen eine Loslösung vom Streben nach persönlicher Macht und eine Überwindung der eigenen Leidenschaften gelingt, dass Sie sich von allem Bösen und Trüben reinigen, dass Sie allen Hass und allen Neid beiseite legen, um zur Klarheit der Seele zu gelangen. Diese ist das Kennzeichen der wahren Propheten; nicht solcher, die vermeintliche Wunder vollbringen oder in die Zukunft sehen können, sondern solcher, die wegen der Tiefe und Bescheidenheit Ihres Wissens „das Licht der Welt" darstellen. Dies ist nur ein kleiner Vorgeschmack dessen, was durch die vollkommene Entwicklung des IR möglich ist. Begehen Sie jedoch nicht den Fehler, meine Ausführungen für metaphysisch oder parapsychologisch zu halten.

Ich glaube, wohlgemerkt, nicht an Wunder im Sinne von etwas „Übernatürlichem" (über oder jenseits der Natur Stehendem), sondern nur an die Existenz kaum bekannter Energien, von denen die verschiedenen im Universum gegebenen Phänomene bestimmt werden.

Ich behaupte allerdings, dass die Kenntnis dieser Kräfte zwingend eine kognitive Erfahrung in Zuständen höheren Bewusstseins voraussetzt, in denen die höchste kosmische Intelligenz sichtbar wird und deren Licht oberster Harmonie seine positive Wirkung entfaltet. Ohne diese Grundlage – deren Erwerb nur durch Annäherung an die menschliche Exzellenz möglich ist – ist keine transzendentale Verwirklichung möglich.

Der Prozess könnte auch gar nicht anders verlaufen, denn transzendentale Verwirklichungen können vom Streben nach persönlicher Macht nicht verdorben werden, sondern liegen immer auf dem Weg einer individuellen Entwicklung zum Zwecke einer harmonischen Verbindung mit der universalen Energie.

Wer diesem Pfad folgt, erlangt in gewissem Sinne das ewige Leben. Die Energie seines Bewusstseins wird den Tod überdauern, da Energie im Universum nicht erzeugt oder vernichtet, sondern nur umgewandelt werden kann. Wer diese Möglichkeit aber verwirft, wird mit großer Wahrscheinlichkeit von der Natur als „Evolutionsfehler" eingestuft werden.

Weiteres zur Erziehung des Willens

Es darf nicht übersehen werden, dass jeder Prozess der Selbstentwicklung notwendig von einem bewussten, also dem höheren Ich des Individuums und nicht dessen Leidenschaften dienenden Willen gesteuert werden muss.

Im Gegensatz zum schlichten Begehren entspringt wahres Wollen einer bewussten Entscheidung und einer starken Willenskraft, die das Ergebnis persönlicher Disziplin ist.

Die Willenskraft ermöglicht es, ein Ziel ins Auge zu fassen, einen sicheren Weg dorthin zu finden und alle auftauchenden Hindernisse zu beseitigen.

Es gibt im Leben zwei Möglichkeiten, unter denen wir wählen können:

1. Ein friedliches und geruhsames Dasein, frei von Hindernissen, mit einem fötalen Begriff des Glücks als eine verhältnismäßig ruhige Umgebung, die unsere Grundbedürfnisse bedient. In diesem Lebensdrehbuch fehlen meist die großen Errungenschaften und wichtigen Ereignisse, es ermöglicht lediglich ein friedliches und gedeihliches Altern bis zum Ende unserer Tage, ohne weitere Erschütterungen. Willenskraft ist hierfür nicht erforderlich, da in einem solchen Fall zwingender Notwendigkeit der volitive (begehrende) Teil keinen Einfluss hat.

2. Ein Leben voll von wichtigen und signifikativen Ereignissen, das uns außergewöhnliche Taten erlaubt. Dies ist der Lebensstil, der uns über die Mittelmäßigkeit hinaus zu Gipfeln von solcher Transzendenz führen kann, dass sie der breiten Allgemeinheit unbekannt sind. Natürlich werden wir uns großen Hindernissen gegenüber sehen, denn alles Wichtige hat einen Preis entsprechend seines eigenen Wertes. Die Überwindung

dieser Schranken aber wird unseren Willen in höchstem Maße entwickeln, und wir werden uns wirklich lebendig und verwirklicht fühlen, statt uns auf ein prekäres Überleben zu beschränken.

Letztere Möglichkeit wird freilich von allen großen Vertretern der Menschheit gewählt, die ihren eigenen Weg einschlagen, statt mechanisch im Kielwasser der Mehrheit zu schwimmen.

Der Vergleich scheint mir wichtig, denn zur Verwirklichung großer Dinge im Leben darf man nicht die Notwendigkeit vergessen, Opfer zu bringen und zahlreiche Hindernisse zu überwinden. Allein dies steht im Einklang mit dem Leben, denn nur als Halbtote könnten wir an dem fötalen Glück Gefallen finden, das uns auf die mühsamen Anstrengungen, auf die Freiheit, auf die Liebe, auf den Ausdruck unserer Meinung, auf den Kampf um unsere Rechte und auf den wahren Erfolg verzichten lässt.

Vom Gesichtspunkt des „inneren Reichtums" aus sind die Hindernisse uns nicht feindlich. Sie stellen im Gegenteil günstige Kräfte dar, die uns an dem Schlaf der „Halblebendigen" hindern und uns dazu zwingen, ständig über uns selbst hinauszugehen. In einer „sportlichen" Herangehensweise sehen wir also, dass wir nur durch Passivität den Hindernissen zum Opfer fallen werden. Handeln wir dagegen mit Kraft, Urteilsvermögen und Mut, werden wir in ihnen Nahrung finden und dadurch unsere eigene Macht steigern.

Die Umsetzung dieses Begriffs erfordert nun einen geistigen und emotionalen Umbau, durch den ein bejahendes Verhalten gegenüber Hindernissen jeder Art erlernt wird.

Es kann nützlich sein, in den Biographien großer Menschen von den Schranken zu lesen, die sie auf ihrem Weg zum Triumph überspringen mussten. Mich persönlich inspiriert die Figur des Simón Bolívar, der mit Fug und Recht als „Vollbringer des Unmöglichen" bekannt geworden ist.

Wir müssen uns immer vor Augen halten, dass die nach dem Begriff des IR entwickelte Willenskraft eine der größten Kräfte ist, die man erwerben kann.

Das große Geheimnis der Verwirklichung unserer Wünsche liegt in der Gleichzeitigkeit folgender Fähigkeiten:

- Der Zustand intensivierten Wachens
- Das höhere Bewusstsein
- Das Wollen anstelle einfachen Begehrens
- Die Konzentration des Denkens
- Die positiven Emotionen
- Die Beherrschung des instinktiven Teils
- Die richtige Planung
- Die Beständigkeit

Zum Verständnis des Angeführten ist es wichtig, die Zerrissenheit des menschlichen Verhaltens zu bedenken, die unseren Handlungen und Vorhaben die nötige Kraft raubt. In unseren Tätigkeiten kommt es nämlich nicht selten vor, dass sich unser Denken in Widersprüchen verwickelt und durch verschiedene Sorgen und Ablenkungen zerrissen wird, sodass Begeisterung und Motivation verloren gehen.

In einer einzigen Lage werden wir zu einer Einheit, nämlich in Situationen der Lebensgefahr, in denen **„alles, was wir sind, auf die Bedrohung unseres Lebens konzentriert ist"**. In solchen Augenblicken sind wir mächtig und können unsere Kraft vermehren.

Leider entspannen und zerstreuen wir uns wieder, kaum dass die Gefahr vorbei ist, um wieder zu unserer gewöhnlichen, für große Anstrengungen wenig geeigneten Verfassung zurückzukehren.

Die Feinde der Willenskraft:

- Bequemlichkeit
- Mangel an Ehrgeiz
- Passivität
- Furcht
- Schüchternheit
- Süchte
- Leidenschaften
- Unentschlossenheit
- Lauheit des Verhaltens
- Mangel an körperlicher Fitness
- Flucht vor der Wirklichkeit
- Trägheit
- Fehlen einer definierten Individualität
- Motivationsmangel

Die stärkste Motivation in Verbindung mit der Entwicklung des Willens entsteht eigentlich mit der Einsicht, wie viele wertvolle Dinge im Leben durch den Mangel an Willenskraft verloren gehen.

Solange das Individuum diese Tatsache nicht akzeptiert, wird es weiterhin von Orientierungslosigkeit und Zweifeln geschwächt sein, sich ständig über seine unerfüllten Wünsche beklagen und nichts tun, um etwas an einer Lage zu ändern, die ein ganzes Leben lang andauern kann.

Überhaupt gibt es nichts Merkwürdigeres als die geistige Haltung, die in dem Parallelismus besteht, dass man etwas weiß und es gleichzeitig nicht weiß.

Ich möchte folgendes Beispiel anführen:

Ein unverbesserlicher Raucher weiß genau, dass Rauchen Krebs verursachen kann, tut es jedoch weiterhin, als wüsste er es nicht.

Es könnte eingewandt werden, dass er das Rauchen nicht aufgibt, weil er süchtig ist. Dies ist zwar richtig, aber eine tiefere Wahrheit liegt darin, dass ihm ein echtes Begreifen der gewissen Gefahr für Leib und Leben fehlt, sodass er weiter raucht und der Wirklichkeit unverantwortlich aus dem Weg geht. Das Phänomen ähnelt dem Mangel an Verantwortungssinn von Kindern, die ebenfalls keine Verbindungen zwischen den äußeren Ereignissen und den eigenen Handlungen herstellen und dadurch logischerweise uneinsichtig sind.

Ich bin der festen Überzeugung, dass der Raucher in unserem Beispiel sein Laster augenblicklich ohne große Anstrengung des Willens aufgeben würde, wenn er wahrhaftig begreifen würde, dass Rauchen Krebs verursacht.

Der Mensch in seinem gewöhnlichen Leben weiß also (er ist informiert), aber er begreift nicht. So vermeidet er es, die Unentrinnbarkeit der seinen Handlungen folgenden Konsequenzen einzusehen.

Diese Störung, durch die Ursache und Wirkung voneinander abgekoppelt werden, ist die schädlichste unter den möglichen Formen des Selbstbetruges, denn sie führt zur Rationalisierung einer narzisstischen inneren Pseudowirklichkeit, die den eigenen Träumen, Fehlern, Wünschen, Ängsten und Einbildungen entspringt. Hiermit erfährt der Kontakt zur äußeren Wirklichkeit eine progressive Schwächung, falls er denn jemals wirklich bestanden hat.

Zur Erkenntnis des tiefen Begreifens möchte ich ebenfalls sagen, dass alles auf wesentlicher Ebene Verstandene auch physisch verwirklicht werden kann. Die Kraft zur Materialisierung fließt also aus der kostbaren und unbekannten Fähigkeit des signifikativen Vermögens, denn ohne signifikative Kraft ist es unmöglich, das Begreifen wahrhaftig zu verstehen.

Was war nun zuerst da, die Henne oder das Ei? Wie kann man begreifen, was Begreifen bedeutet?

Dieses Problem ist der Grund dafür, dass ich den Weg zur Entwicklung eines Samens von signifikativem Vermögen aufzeige, der übrigens in jedem Menschen latent vorhanden ist, aber keineswegs eine angeborene Fähigkeit wie die uns bekannte Art des Intellekts darstellt.

Einmal geschaffen, kann das Samenkorn sich vermehren und wachsen, und hierin besteht der Gegenstand dieses Buches.

Es ist stets daran zu erinnern, dass der Erwerb des signifikativen Vermögens einen starken, von einem „bewussten Ich" gesteuerten Willen erfordert, denn die Kontrolle über das Denken kann nur durch einen Willen erfolgen, der stets die Oberhand behält.

Körperliches Training

Jeder sollte, seinem Alter entsprechend, ein geeignetes körperliches Training beginnen oder fortführen. Idealerweise besteht es aus einer Kombination von aerobischen Übungen wie Jogging, Step Aerobic oder Radfahren und maßvollen Übungen mit Gewichten.

Nach Ansicht des auf diesem Gebiet hoch angesehenen Dr. Colgan geht die positive Wirkung von Übungen mit Gewichten weit über das gemeinhin vermutete Maß hinaus: Bei regelmäßiger Durchführung begünstigen sie die Ausschüttung des Wachstumshormons, das – in seinen eigenen Worten – eine „Hormonkaskade" von Wohlbefinden, Gesundheit und Jugend auslöst. Ein deutlicher Beweis für Träge und Willensschwache!

In Wirklichkeit muss jeder entscheiden, nach welchem Leben er strebt: einem der Gefangenschaft in Mittelmäßigkeit bis zu seinem letzten Tag oder einem der großen Taten.

Wer sich dafür entscheidet, in einem ganzheitlichen Sinne wichtig zu sein, muss zur Zahlung des entsprechenden Preises bereit sein, denn alles kostet Geld, persönliche Anstrengungen, Opfer oder Entbehrungen.

Heuchlerisch und unethisch ist es, unzufrieden zu sein wegen allem, was man im Leben nicht erreichen konnte, wenn man in

Wahrheit keinerlei ernsthafte Anstrengung dazu unternommen hat. Der Faule muss sich das Ausmaß der Dinge bewusst machen, die ihm seine eigene Trägheit verwehrt.

Wie wir wissen, beklagt sich jeder ständig aus verschiedenen Gründen. Manche von ihnen ergeben sich aus exogenen Faktoren und liegen außerhalb der Kontrolle des Individuums, aber zahlreiche Probleme haben ihren Ursprung in den Verhaltensmängeln und -störungen der einzelnen Menschen.

Viele Entbehrungen des Lebens gehen auf den Mangel an Willenskraft, Entschlossenheit und Stärke zurück.

Ich spreche freilich nicht von jenen übermäßigen Bequemlichkeiten, die den Willen und das Gehirn schwächen. Ich meine die Liebe, die Freude, die Harmonie, den Genuss der Natur, der Berge, des Meeres, der Sonne und der Felder, die Freundschaft, die Lust am Geben, das Glück, den Frieden und die innere Erfüllung. All das ist zum Greifen nahe, während Sie sich darauf versteifen, dem Unerfüllten nachzutrauern.

Wenn Sie nicht dazu bereit sind, für Ihre Wünsche zu bezahlen, dann vergessen Sie es und geben Sie sich mit einem Leben der Frustration und Bitterkeit zufrieden.

Viele werden vielleicht sagen, dass sie sehr vergnügt leben, weil sie in fremde Länder reisen oder ihren Urlaub am Meer, in den Bergen oder in einem Skigebiet verbringen. Sie kommen nicht auf den Gedanken, dass ihr Vergnügen durch die eigenen unbewussten Einbildungen verfälscht worden sein könnte, um eine virtuelle Gewissheit des eigenen Glücks herzustellen. Am Strand beispielsweise lässt sich leicht beobachten, wie viele Menschen tun, was sie dort für angemessen halten: schreien, hüpfen, umherrennen, konsumieren, anbändeln und sich sehen lassen.

Damit wollen sie sich von ihrem eigenen Glück überzeugen, aber all das geschieht eher in ihrer zerebralen Landkarte als in der echten Wirklichkeit. Nur wenige genießen wirklich den Anblick eines herrlichen Sonnenuntergangs und andere Reize der Natur, denn jeder lebt in der geistigen Landkarte der Wirklichkeit, nicht in der Wirklichkeit selbst.

Das Ritual der Neujahrsfeiern ist ein gutes Beispiel hierfür: Die Menschen absolvieren wie gewohnt die zahlreichen Umarmungen und Trinksprüche und machen sehr viel Lärm und Trubel, um nach außen Glück zu signalisieren und ihre persönlichen Widrigkeiten und Mängel zu vergessen oder zu verschleiern.

Andere sind gleichgültig gegenüber der Schönheit des Himmels und der Sterne und kapseln sich im Karussell ihrer eigenen Einbildung ab.

Wer die Freude aber „neu erlernt", gelangt zu einer reinen und lichtvollen Art der Lust, ohne Sünde oder Schuld, klar und intensiv, echt und frei von Reue; und er verfällt nicht länger dem Sinnesrausch, der die Herzen aushöhlt, statt sie zu füllen.

Sport ist eine der edelsten menschlichen Tätigkeiten und trägt erheblich zur Gesundheit des Geistes und zur Stärke des Willens bei.

Allerdings ist es wenig nützlich, sich auf „Sonntagstraining" zu beschränken; man sollte mindestens drei Mal pro Woche Sport treiben.

Die Vorteile dieses Trainings wirken sich, wie bereits deutlich geworden ist, äußerst positiv auf die Gesundheit und das emotionale Wohlbefinden aus. Es sollte also entsprechend ernst genommen werden.

Parallel dazu zeigt sich eine spürbare Verbesserung des Gemütszustandes, da bekanntlich aerobische Übungen, besonders das Joggen, mit der Ausschüttung des als Glückshormon bekannten Endorphins einhergehen. Diese Wirkung und das damit verbundene emotionale Wohlbefinden setzen allerdings eine Trainingsdauer von mindestens einer halben Stunde voraus.

Es handelt sich auch um eine optimale Weise, Charakter und Willenskraft herauszubilden, denn für das beharrliche Verfolgen einer körperlich fordernden Tätigkeit ist ein starker und entschlossener geistiger Zustand erforderlich, der sich mit der Zeit entwickelt.

Natürlich wird die Trägheit des Körpers immer der sportlichen Betätigung einer gewissen Intensität widerstehen, so dass die richtige Durchführung des Trainings jedes Mal Willenskraft erfordert.

Zusätzlich wird sich der Mensch als jünger und schlanker wahrnehmen, und er wird mit dem Erscheinungsbild seines eigenen Körpers zufrieden sein, was besonders für Frauen wichtig ist.

Selbstverständlich wird jeder, der ein echtes Interesse an dauerhaftem körperlichen, geistigen, emotionalen und spirituellen Wohlergehen hat, sein ganzes Leben trainieren müssen. Die Intensität des Trainings sollte sich nach dem Alter richten und nicht eine mühselige Pflicht, sondern eine Belohnung darstellen.

VII

Die Kraft des eigenen Wünschens und Begehrens

Eines der Kennzeichen von charakterstarken Menschen ist ihre Fähigkeit, unmittelbare Wünsche zu beherrschen, um zu einem entfernteren, größeren Gut gelangen zu können.

Unreife Menschen verausgaben sich dagegen unnötig mit dem Formulieren, „Wiederkäuen" und Befriedigen von Tausenden kleiner und transzendenzloser Wünsche, so wie ein Kind beim Anblick einer Eistüte sofort danach verlangt und, falls sie ihm verwehrt bleibt, frustriert ist und einen Weinkrampf bekommt.

Eben diese geringe Frustrationstoleranz ist das Merkmal infantiler Wesen mit geringer Identität und unterentwickelter Willenskraft, denen wirkliche Anstrengung fremd ist.

Ein Mensch mit einem reifen Ich verfügt in der Regel über eine Selbstdisziplin, durch die er seine Impulse und Wünsche unterdrücken, zurückhalten und aufschieben kann. In dieser Fähigkeit beruht sein Vermögen, wichtige Erfolge im Leben zu erringen.

Für die Entwicklung des „inneren Reichtums" verwenden wir jedoch ein anderes System, das wir „Sublimation" nennen. Um es mit einfachen Worten zu erklären: Es besteht darin, ein Ding zu opfern, um ein anderes zu erhalten, oder auf viele Kleinigkeiten zu verzichten, um etwas wirklich Großes zu erwerben.

Beispiele:

- *Hans X hat gerade eine sehr wichtige Neuigkeit erfahren und greift sofort zum Telefon, um seine Freunde anzurufen und sie ihnen zu erzählen.*

Ohne es zu wissen, hat er eine große Menge an Energie vergeudet, die er für die Verwirklichung seiner persönlichen Pläne hätte einsetzen können. Hätte er geschwiegen und seinen Impuls zurückgehalten, die Information weiterzugeben, so hätte er unmittelbar eine beträchtliche Energiemenge kapitalisiert.

- *Jemand wird verbal von jemand anderem angegriffen; sein erster Impuls ist es, mit einer noch wüsteren Beschimpfung zu erwidern. Er hält sich aber zurück und sublimiert seine Aggression, indem er schweigt.*

Das Ergebnis dieses Vorgangs ist der sofortige Erwerb einer erheblichen Menge an Energie, der das Potenzial jenes Menschen steigert, der gleichsam „die andere Wange hingehalten hat". Natürlich muss er dafür mutig und charakterstark sein. Letzteres, weil er ohne Selbstdisziplin nicht dazu in der Lage wäre; ersteres, weil nur Mut und Selbstsicherheit vor der Furcht schützen, in den Augen anderer als Feigling zu gelten.

- *Jemand sitzt in einem Restaurant und wollte eigentlich nur eine leichte Mahlzeit zu sich nehmen. Er erliegt aber seinem Appetit und schlägt sich mit verschiedensten Köstlichkeiten den Bauch voll.*

Das Ergebnis ist eine Umkehrung der Faktoren, und der Mensch wird selbst von dem Essen „verschlungen". Am Ende ist er erschöpft und weiß nicht, dass Zurückhaltung ihm eine größere Menge an Energie eingebracht hätte.

Die Sublimation besteht darin, „etwas von einer niedrigeren auf eine höhere Ebene zu tragen".

In der Praxis ist sie ein nützliches Werkzeug zur Herausbildung von Charakter und Willensstärke, und sie sichert die Verwirklichung persönlicher Pläne.

Verhaltensbeispiel zur Verwirklichung von Plänen

- Verschwiegenheit bezüglich der laufenden Vorhaben allen Menschen gegenüber, die nicht unbedingt davon wissen müssen.

- Erhebliche Entbehrungen zur leichteren Verwirklichung des Angestrebten. Dies impliziert außerordentlich große Anstrengungen, die nicht aus Pflicht, sondern aus dem eigenen Willen heraus unternommen werden.

Beispiel:

- Sich vornehmen, eine Stunde früher aufzustehen, ohne dass man dazu verpflichtet wäre. Die Zeit kann für körperliches Training oder für eine andere Tätigkeit genutzt werden.

- Eine Zeit lang auf ein besonders verführerisches Essen verzichten, zum Beispiel auf bestimmte Süßigkeiten.

- Einmal pro Woche eine große körperliche Anstrengung zur Verwirklichung eines Vorhabens unternehmen.

- Für eine gewisse Zeit nicht fernsehen.

- Jeden Tag einen gewissen Geldbetrag zurücklegen und ihn unter keinen Umständen ausgeben, um eine beträchtliche

Summe anzusparen, die in etwas Nützliches investiert werden kann.

- Etwas erlernen, wofür man keine besonderen Fähigkeiten besitzt, beispielsweise ein Instrument spielen, malen, tanzen oder Kampfsport treiben.

Dies ist nur eine kleine Auswahl der möglichen Opfer; jeder kann die für seinen Fall geeigneteren wählen.

Die allgemeine Regel dieses Verfahrens besteht darin, dass „der Wille sich zurückbildet, wenn er nicht verwendet wird, während sein gezielter Einsatz in Situationen großer Anstrengung zu einer Hypertrophie des Willens führt". Willenlosigkeit zeigt sich meist in Begleitung offensichtlicher Symptome von körperlicher Schwäche, ja sogar von Krankheiten und Störungen des Schlafes und des Charakters.

Ein starker Wille potenziert dagegen die psychischen und physischen Energien ebenso wie das Immunsystem.

Es sollte deutlich werden, dass der Wille unsere eigentliche Kraft zur Verwirklichung darstellt, und dass wir nichts ohne ihn vermögen. Es gibt in der Welt viele intelligente und empfindsame Menschen, die immer wieder im Leben scheitern, während andererseits narrenhafte Menschen, die von der dunklen Kraft ihrer negativen Leidenschaften (Habgier, Hass, Rachsucht) getrieben werden, zu Macht und Ansehen gelangen.

Die Kraft der Menschen zerfällt, wie ich oben bereits angeführt habe, in zwei Teile:
- Positiv (licht), auf der Grundlage des bewussten individuellen Willens und einer soliden Moral.
- Negativ (dunkel), entspringt den niederen Leidenschaften des Menschen und ist ihnen unterworfen, weshalb es keine Moral besitzt.

KOSMISCHE WÄHRUNG

So gibt es gute, intelligente und verantwortungsvolle Individuen, die gleichzeitig an einer Schwäche des Charakters leiden. Andere besitzen eine dunkle und zerstörerische Kraft, die sie zu unlauterer Bereicherung, Hass, Neid und Destruktivität neigen lässt.

Die Macht des „inneren Reichtums" erfordert die Herausbildung einer Willenskraft, die dem „höheren Ich" dient und in den höchsten Werten des Geistes inspiriert ist:

- Aufrechterhaltung eines hohen Energiegrades durch ein gesundes Leben mit einer nahrhaften, aber frugalen Ernährung, einem geeigneten körperlichen Training und ausreichend Schlaf.

- Verschwiegenheit bezüglich der laufenden Vorhaben allen Menschen gegenüber, die nicht unbedingt davon wissen müssen.

- Erhebliche Entbehrungen zur leichteren Verwirklichung des Angestrebten. Dies impliziert außerordentlich große Anstrengungen, die nicht aus Pflicht, sondern aus dem eigenen Willen heraus unternommen werden.

- Höchstmögliche Potenzierung des eigenen Energiegrades durch ein geordnetes Leben und eine ausgewogene Ernährung.

- Einhaltung eines hohen inneren Engagements für das Projekt.

- Richtige Einteilung der Zeit zum Zweck ihrer optimalen Nutzung.

- Vermeidung negativer Emotionen.

- Übernahme von Verantwortung für das eigene Tun, Vermeidung von Schuldzuschreibungen an andere bei Hindernissen und Problemen.

- Einnahme einer positiven geistigen Haltung.

- Forderung an das Unbewusste, an dem Vorhaben mitzuwirken.

VIII

Die innere Erlaubnis

Hierbei handelt es sich um die wichtigste Voraussetzung für den Fortschritt bei unseren Vorhaben.

Viele Menschen verbieten sich selbst das Glück, den Erfolg, die Liebe, die Sexualität oder die Aufrechterhaltung einer abweichenden Meinung.

Der Grund hierfür liegt in dem moralischen Gewissen, das ein Teil von uns ist. Es hat ein Elefantengedächtnis und vergisst keine unserer falschen, ungerechten, unmoralischen oder unehrlichen Taten aus der Vergangenheit. Daraus folgen natürlicherweise Schuldgefühle und das Bedürfnis nach erleichternder Strafe.

In diesem Sinne ist der Satz berühmt geworden, dass „der Mörder immer an den Tatort zurückkehrt". Am nächsten liegt dabei die Annahme, dass er von seiner Reue dorthin getrieben wird und insgeheim hofft, gefasst und einer Strafe zugeführt zu werden, durch die er sein Verbrechen sühnen kann.

In ähnlicher Weise widerfährt es vielen, die von ihrem Gewissen geplagt werden, dass sie immer wieder in der Liebe, in den Finanzen oder in den Geschäften scheitern, manchmal sogar körperlich erkranken. Es gelingt ihnen nicht, die innere Erlaubnis zu ihrem Glück und ihrem Erfolg zu erhalten, weil sie das Gefühl haben, dies nicht zu verdienen.

Eine Variante dieser inneren Erfolgsverweigerung tritt auf, wenn ein Mensch das Gefühl hat, der für den Lebenskampf erforderlichen Fähigkeiten zu entbehren – besonders dann, wenn er sich mit begabteren Menschen vergleicht.

Wenn man aus sehr armen Verhältnissen kommt, keinen Zugang zu einer guten Schulbildung hatte, körperlich nicht attraktiv ist oder mit physischen oder psychischen Mängeln oder Gebrechen lebt, so kann dies eine große Belastung darstellen, wenn man um die innere Erlaubnis zum Glück ersuchen will.

Wir wissen jedoch, dass viele große Menschen mit Mängeln und Gebrechen geschlagen waren und es geschafft haben, sie mit Willenskraft, Charakter und Disziplin zu überwinden.

Es ist ebenfalls bekannt, dass es körperlich wenig attraktive Menschen gibt, die es zu einem inneren Charme gebracht haben und im gesellschaftlichen Leben, in der Liebe und in Geschäften erfolgreich sind.

Ich muss immer wieder betonen, dass die wirkliche Entwicklung des „inneren Reichtums" (IR) eine Kraft zutage fördert, mit der all diese Hindernisse überwunden und positive zwischenmenschliche Beziehungen aufgebaut werden können.

Ein weiterer Grund für die Verweigerung der inneren Erlaubnis liegt im Unbewussten. Es sträubt sich wie ein unartiges und rebellisches Kind, das seinem Vater nicht folgt, wenn dieser es nicht verstanden hat, seinen Respekt und seine Zuneigung zu gewinnen.

Im Folgenden sollen zwei Übungen zur Überwindung dieser Widersprüche angeführt werden.

Die Mitwirkung des Unbewussten erwerben

Wie weiter oben bereits gesagt, neigt das Unbewusste zum Widerstand gegen die bewussten Entscheidungen des Individuums.

Es erzeugt dabei eine reaktive Kraft, die sich in Form unbemerkter Fehler oder Unterlassungen offenbart und die einer Selbstsabotage der eigenen Pläne gleichkommt.

Dies kann verhütet werden, wenn das Unbewusste dem „bewussten Ich" durch eine Potenzierung der Willenskraft gleichsam unterworfen wird.

Das Unbewusste kennt selbstverständlich nicht nur unsere Vorzüge, sondern auch unsere Fehler und Inkonsequenzen. Daher kann es leicht den Respekt vor dem Bewussten verlieren, ebenso wie ein Kind seinen Vater disqualifiziert, wenn dieser nicht sein Wort hält.

Das Unbewusste kennt alle Lügen, alle unerfüllten Versprechen, alle Nachlässigkeit, Trägheit und Fahrlässigkeit, alle Widersprüche zwischen Sagen und Tun. Daher nimmt es meist eine rebellische Haltung gegenüber seiner anderen Hälfte ein.

Jeder Mensch muss eine lange und geduldige Arbeit auf sich nehmen, um „den Respekt und die Mitwirkung des Unbewussten zu gewinnen". Dafür ist es erforderlich, Folgendes strikt einzuhalten:

- Nicht lügen.
- Nicht prahlen oder angeben.
- Weder in Gedanken noch in Worten Vorsätze formulieren, die man nicht erfüllen wird; dies ist nämlich dasselbe wie die Lügen des Vaters gegenüber seinem Kind.
- Das eigene Ehrenwort halten und es daher auch nicht leichtfertig geben.
- Immer ehrlich handeln.

Grundsätzlich gibt es drei Mittel, um die Mitwirkung des Unbewussten zu erreichen:

1. Willenskraft ausüben.
2. Den Respekt des Unbewussten erwerben.
3. Mit dem Unbewussten sprechen und es um seine Mitwirkung bitten. Dafür sollte man ihm einen Namen geben, um die Bilder in diesem Verfahren geistig zu sortieren.

Wenn wir unserem Unbewussten also zum Beispiel den Namen Klaus gegeben haben, könnte ein typisches Gespräch mit ihm folgendermaßen aussehen:

Lieber Klaus, ich möchte mit dir sprechen, weil ich dich sehr lieb habe, denn du bist mein anderes Ich. Eigentlich bin ich ebenso viel wie du, und du bist ebenso viel wie ich. Deswegen wünsche ich mir, dass wir jeden Tag ein wenig enger vereint sind, denn ich kann dir helfen, indem ich dir viele Sachen beibringe, und du kannst mich auch dabei unterstützen, bestimmte Dinge zu bekommen, die ich brauche, und die dann eigentlich dir und mir gehören werden. So werden wir beide gemeinsam als ein einziger Mensch erfolgreich und glücklich sein können.
Heute möchte ich dich um deine Hilfe bei folgendem Plan bitten... (Hier ist die angestrebte Sache so detailliert und lebendig wie möglich zu beschreiben.)

Wir tragen in unserem Inneren eine andere reaktive Kraft, nämlich unser moralisches Gewissen, das wir mit dem universalen Guten identifizieren wollen. Wie bei Pinocchio lässt es jedes Mal, wenn wir lügen, unsere „Nase wachsen".

Das innere Schuldgefühl aus allen negativen, kriminellen, unehrlichen oder unmoralischen Akten, die wir begangen haben, führt zu einer starken Beeinträchtigung unseres Erfolgswillens, den es äußerst wirksam zu sabotieren weiß.

In einem solchen Fall ist es auch möglich, der reaktiven Kraft durch folgende Übung entgegenzuwirken:

Ablegen einer Beichte vor Gott

(Hierfür ist es nicht erforderlich, an Gott zu glauben. Wenn Sie aber nicht gläubig sind, könnte die Wirkung dieser Übung geringer ausfallen.)

Zu diesem Zweck müssen wir die eigenen Sünden dem höchsten Wesen, dessen Essenz wir als göttlichen Funken in uns tragen, eingestehen.

Die Übung erstreckt sich über 30 Tage und erfordert eine tägliche Introspektion von 10 Minuten, vorzugsweise im Dunkeln mit geschlossenen Augen. Wir rufen Gott an, um ihm alle Fehler zu beichten, die wir in unserem Leben begangen haben. Darunter verstehen sich alle Akte, mit denen wir durch Handlung oder Unterlassung dritten Personen – bewusst oder unbewusst – geschadet haben, also unmoralische oder kriminelle Taten, der anderen Menschen gegenüber verspürte Hass, der Neid, das Ressentiment und die Unaufrichtigkeit.

Wir müssen diese Beichte mit wahrem Gefühl und wahrer Reue ablegen und dabei zu erklären versuchen, was uns zu den genannten Handlungen geführt hat. Vielleicht geschahen sie aus Unbesonnenheit und nicht aus bösem Willen. Wir bitten für unsere Sünden um Vergebung.

Dieses Eingeständnis wird zu einer allmählichen Milderung des Schuldgefühls führen. Die Übung kann daher je nach dem eigenen Bedürfnis bis auf 90 Tage verlängert werden.

Ist das Schuldgefühl einmal gewichen, so verschwindet auch das Bedürfnis nach einer Selbstbestrafung, die eine innere Erlaubnis zur Verwirklichung der eigenen Vorsätze verweigert.

IX

Hauptbegriffe zur Entwicklung und Anwendung des „inneren Reichtums"

Anmerkung: Die Erläuterung dieser Begriffe hat den Zweck, dem Menschen, der sich um die Entwicklung seines „inneren Reichtums" (IR) bemüht, ein begriffliches Register zu verschaffen. Es bezieht sich auf die von ihm zu erwerbende Fähigkeit und auf die wirklichen Schwierigkeiten des Umfelds, in dem er sein Vermögen einsetzen wird. Diese Richtlinien sollen jedoch nicht über irgendetwas informieren oder die Meinungen des Autors wiedergeben. Der wirkliche Nutzen dieser Punkte wird sich in dem Augenblick offenbaren, indem der einzelne Mensch ihre signifikative Ebene durchdringt.

Es sei daran erinnert, dass wahres Wissen nicht im gesprochenen oder geschriebenen Wort zu finden ist, sondern in der richtigen Entschlüsselung der Information, die den Vorstoß zu ihrer tiefen Bedeutung ermöglicht. Wer eine bestimmte Wahrheit in ihrer Tiefe begreift, erwirbt damit die Fähigkeit zu ihrer praktischen Nutzung als Werkzeug zur Verwirklichung der eigenen Vorhaben.

Je mehr Wahrheiten begriffen worden sind, umso höher wird die Befähigung des Individuums ausfallen.

Es muss allerdings Folgendes bemerkt werden: Zwar gibt es eine weise Art des Wissens, hinter dem sich die Wahrheit verbirgt, aber am häufigsten finden wir im Leben falsche Information ohne relevanten Inhalt, an der es nichts zu entschlüsseln gibt, weil sie „insignifikant", also bar jeder wertvollen Bedeutung ist.

Begriffe

1. Wir sind alle im Wesen gleich, sodass Sie jeden anderen übertreffen können, wenn Sie sich es vornehmen.

2. Dieselbe Kraft, die in den großen Menschen ist, wohnt auch in Ihnen; sie muss nur entwickelt werden.

3. Aller wahrer Reichtum liegt im Inneren des Menschen; Sie müssen ihn nur erkennen.

4. Suchen Sie nicht draußen nach dem, was in Ihrem Inneren ist; einzig echter Reichtum ist der innere, denn er ist Träger von Wert sowohl in der menschlichen als auch in der natürlichen Welt.

5. Das Geld ist nur eine symbolische Darstellung der menschlichen Arbeit und besitzt keinen Wert an sich.

6. Im Bereich der Natur besitzt Gold keinen größeren Wert als ein Stein, ein Baum oder der Sand in der Wüste.

7. Banken leihen Ihnen kein Geld: Sie versprechen lediglich, einen Teil Ihres künftigen Einkommens vorzustrecken. (Sie haben keine Kontrolle über die Bank, aber Sie können sehr wohl Ihren inneren Reichtum steuern, der die Quelle allen Wohlergehens ist.)

8. Die Wirtschaft ist nicht frei, denn sie wird von den Schwankungen der Spekulation und des monetären Zinses gestört oder manipuliert. Es ist unbedingt zu begreifen, dass die Wirtschaft in Wirklichkeit nicht vom freien Markt gesteuert wird. So ist ein erheblicher Teil unserer finanziellen Schwierigkeiten darauf zurückzuführen, dass wir gegen ein Milieu ankämpfen müssen, in dem durch

Kosmische Währung

eine gewisse Manipulation immer die wirtschaftlich Führenden gewinnen, wie auch im Casino immer „die Bank gewinnt".

9. Unabhängig von Ihren sozialen, kulturellen oder wirtschaftlichen Umständen wird niemand Sie demütigen können, wenn Sie Ihre innere Kraft hervortreten lassen.

10. Wenn Sie im Leben erfolgreich sein wollen, sollten Sie „Verdienste ansparen" (also gute Taten und Gefühle der Brüderlichkeit, tugendhafte Gedanken und „inneren Reichtum" aneinanderreihen; darin wird Ihr wahres Kapital liegen).

11. Ärgern Sie sich nie; wenn Sie es tun, werden Sie sich absondern und letztendlich einen Schaden davontragen. Wenn Sie Ihren Unmut ausdrücken wollen, tun sie es auf vernünftige Weise, ohne die Selbstkontrolle zu verlieren.

12. Respektieren Sie alle Menschen ohne Unterscheidung, ohne irgendjemanden zu beleidigen. Sie erwerben so das Recht auf die Achtung der anderen.

13. Denken Sie positiv, und Sie werden positive Dinge anziehen; Ihre negativen Gedanken werden unerfreuliche Ereignisse hervorrufen.

14. Vermeiden Sie eine Dramatisierung Ihres eigenen Lebens. Lernen Sie, über sich selbst zu lachen, und Sie werden glücklicher sein.

15. Nutzen Sie Hindernisse als Nahrung; lassen Sie sich von nichts klein machen; wachsen Sie im Angesicht von Schwierigkeiten und Problemen. Dadurch schaffen Sie eine große Kraft, die Ihnen zu Diensten steht.

16. Wenn Sie über einen großen „inneren Reichtum" (IR) verfügen, können Sie damit jede Art von spirituellen und materiellen Gütern „kaufen".

17. Vermeiden Sie die Diskriminierung anderer Menschen aufgrund ihrer Rasse, ihrer Hautfarbe, ihrer sozialen Herkunft oder ihres Bildungsgrades.

18. Beklagen Sie sich nie, denn Sie sind allein für Ihr Leben verantwortlich. Sie schaffen und zerstören sich auf verschiedene Weise jeden Tag selbst

19. Ob Sie selbständig, angestellt oder Unternehmer sind, streben Sie nach dem bestmöglichen Dienst an den Menschen und halten Sie immer Ihre Versprechen. Sie werden es niemals bereuen.

20. Halten Sie immer Wort; wenn Sie es nicht tun, wird ihr Unbewusstes Ihnen böse werden und sich in einen Saboteur verwandeln.

21. Negative Leidenschaften wie Neid, Hass oder Ressentiment sollten Sie meiden wie die Pest, denn sie können Ihre Seele verunreinigen und verderben.

22. Fügen Sie anderen nicht zu, was Sie selbst nicht erleiden möchten. (Dies ist keine religiöse Empfehlung, denn im Reich der Natur herrscht ein Gesetz, nach dem nichts ungesühnt bleibt. Früher oder später werden Sie also für Ihre bösen Taten bestraft.)

23. Lernen Sie Glück im fremden Glück zu finden, und sie werden großzügig dafür belohnt werden.

24. Sie sollten begreifen, dass der „innere Reichtum" die Erzeugung einer anderen, subtileren und stärkeren Art von Energie im eigenen Inneren ist (also die graduelle Ersetzung der eigenen Energie durch eine andere von größerem Potenzial und höherer Qualität).

25. Sie sollten täglich alle Zellen Ihres Körpers um Unterstützung bitten, denn jede von ihnen besitzt das totale Gedächtnis in ihrem Wesen.

26. Wohlergehen, Harmonie und Glück gehören jenen, denen es gelingt, innerhalb ihres eigenen Körpers ein hierarchisches, von dem „höheren Ich" beherrschtes System zu etablieren.

27. Wenn Ihre Schwierigkeiten Sie in Traurigkeit versetzen, suchen Sie die Kraft in Ihrem Inneren, nicht in äußerlichen Dingen.

28. Wenn Sie die Kontrolle über sich selbst bewahren, werden Sie auch Ihre äußerliche Lage steuern können.

29. Fügen Sie sich niemals in einen Misserfolg, denn eine einzelne Schlacht ist noch nicht der ganze Krieg. Man lernt mehr aus Niederlagen als aus Siegen.

30. Nur dumme Menschen glauben, dass der Misserfolg gleich null ist, denn in Wirklichkeit zeigt uns jede Frustration, wie dieses oder jenes „nicht zu machen ist".

31. Wer viele Niederlagen erlitten hat, ist besser für widrige Umstände gerüstet als jener, der stets erfolgreich war.

32. Planen Sie Ihre persönlichen Vorhaben sorgfältig, bevor Sie damit beginnen. Die dazu verwendeten Informationen sollten

so zahlreich und glaubwürdig wie möglich sein. Schweigen Sie anderen gegenüber zu Ihren Vorhaben, denn im Schweigen liegt die Kraft.

33. Wenn der Augenblick gekommen ist, mit einem Vorhaben zu beginnen, sollten Sie auf Ihrem höchsten Niveau vitaler, geistiger und emotionaler Energie sein und vor keinem Hindernis Halt machen.

34. Wenn Sie wirklich erfolgreich sein wollen, müssen Sie sich innerlich vollkommen für Ihre Tätigkeit engagieren und dazu bereit sein, den Preis des Erfolges zu bezahlen (richtige Planung, Beharrlichkeit, Hingabe, mühsame Anstrengung, Willenskraft, inneres Engagement, Zeit und Effizienz).

35. Jeder Erfolg hängt von Ihrem Verhältnis zu anderen Menschen ab; ohne sie ist er nicht zu schaffen. Lernen Sie also, positive zwischenmenschliche Beziehungen aufzubauen.

36. Seien Sie anderen gegenüber ehrlich und aufrichtig; erzählen Sie keine bunt ausgeschmückten Geschichten über sich selbst oder über das, was sie vorhaben.

37. Danken Sie Gott jeden Tag für das, was sie haben, und beklagen Sie sich niemals über das, was Ihnen fehlt.

38. Sie sollten begreifen, dass die Verwirklichung all Ihrer Wünsche in Ihrer Hand liegt und dass Sie all Ihre Wünsche erfüllen können, wenn Sie „bewusste Willensakte" aus ihnen machen. (Wesentliche Bedingung ist es, dass Sie entsprechend einer ausgeprägten Ethik und höheren moralischen Normen handeln und nichts wünschen, was anderen schaden könnte.)

39. Nichts ist unmöglich, wenn man über die volle Entwicklung des „inneren Reichtums" (IR) verfügt.

40. Arbeiten Sie geduldig am Aufspüren der Bereiche, in denen Sie sich selbst betrügen, denn hinter jedem Problem, das Sie nicht lösen können, verbirgt sich eine vergangene oder gegenwärtige Unaufrichtigkeit Ihrerseits. Wenn es Ihnen gelingt, sie zu erkennen und in Angriff zu nehmen, werden Sie die Lösung für den Konflikt finden. (Selbstbetrug und Unaufrichtigkeit gegenüber sich selbst gibt es häufig in Form falscher Erklärungen, die sich Menschen gedanklich zurechtlegen, um unmoralische oder kriminelle Situationen zu rechtfertigen oder um ihre Mängel zu verschleiern, sodass sie sich niemals ihrer eigenen Fehler und Unzulänglichkeiten bewusst werden. Ebenso kommt es vor, dass die tiefen Motivationen der Handlungen und Emotionen unmoralisch sind, sodass man unbewusst ein falsches, geschickt getarntes Motiv annimmt, um die eigenen Taten zu rechtfertigen und anderen Menschen gegenüber gut dazustehen. Sehr oft sind die wirklichen Ursachen eines Verhaltens ganz andere als jene, die das Individuum in sich vermutet. Letztere machen eine gute Figur, während die wahren Gründe mitunter sehr hässlich sein können.)

Beispiele:

Karl ist auf Arbeitssuche, aber die Zeit vergeht und er kann trotz aller Anstrengungen nichts finden.
Entsprechend argumentiert er, dass er „wegen der hohen Arbeitslosigkeit unmöglich eine Anstellung finden kann", weshalb er sich damit zufrieden gibt, zu warten oder eine sehr schlecht bezahlte Arbeit anzunehmen.
In diesem Fall ist es sehr wahrscheinlich, dass Karl sich mit diesem vermeintlichen Grund seiner vergeblichen Arbeitssuche

selbst betrügt und die genannte Erklärung als Ausrede verwendet, um den wahren Grund zu verdrängen. Bei diesem könnte es sich, wie in vielen Fällen, um den Mangel an einer beruflichen Qualifikation handeln, der ihm den Zugang zu einer gefragten und gut bezahlten Tätigkeit verwehrt.

Ein genauerer Blick in die Unternehmenswelt zeigt jedoch: Viele Firmen haben einen großen und ständigen Bedarf nach Arbeitskräften für offene Stellen, die ein hohes Maß an Effizienz, Qualifikation und Verantwortung erfordern und daher schwer zu besetzen sind, weil geeignete Bewerber notorisch knapp sind.

Wenn Karl sich mit der Erklärung begnügt, die er sich selbst gegeben hat, wird er sehr wahrscheinlich nicht in der Lage sein, die wahren Gründe seines Misserfolges zu erkennen.

Wohlgemerkt hat der Protagonist unseres Beispiels unbewusst die Erklärung gewählt, die seiner Selbstachtung am wenigsten Abbruch tat: „Die Schuld liegt nicht an mir, sondern an der Arbeitslosigkeit."

Selbstverständlich ist Arbeit in wirtschaftlich schwierigen Zeiten knapp, aber gerade dann sind es eben nur die Menschen mit der höchsten Effizienz, Verantwortung und Qualifikation, die einen Arbeitsplatz finden oder halten können.

Peter ist soeben von seiner Frau verlassen worden, die zu einem anderen Mann gegangen ist. Peter argumentiert, dass „sie zu ihm gegangen ist, weil er viel Geld hat".

Die Wahrheit: Unser Protagonist war aggressiv und gewalttätig; er hat seine Partnerin regelmäßig beleidigt und misshandelt.

Prognose: Wenn er eine neue Partnerin findet, wird er höchstwahrscheinlich wieder dasselbe tun, also seinen Fehler wiederholen.

Wie nun deutlich geworden sein dürfte, sind für die genannten Situationen unzählige Varianten möglich. Das Wichtigste aber ist ihr gemeinsamer Kern: „Das Individuum sucht nicht aufrichtig nach einer Erklärung für das Geschehene, sondern erfindet eine Interpretation, die seiner Selbstachtung förderlich ist." Leider führt diese willkürliche Anpassung der Wirklichkeit unweigerlich zur zyklischen Wiederholung derselben Probleme.

Ich kenne Menschen, die aus diesem Grund immer wieder in der Liebe, in Geschäften oder bei der Erziehung ihrer Kinder scheitern.

Ich wiederhole deshalb die goldene Regel für die Probleme, die wir nicht zu lösen vermögen: „Hinter jedem unlösbaren Problem kann sich eine Unaufrichtigkeit unsererseits verbergen" (also ein Selbstbetrug in dem Sinne, dass die Wirklichkeit unbewusst verfälscht wird).

Wenn wir den Punkt ausfindig machen, in dem wir uns betrügen, so steigt die Wahrscheinlichkeit erheblich, eine richtige Lösung für den Konflikt zu finden, der uns bedrückt.

Bezüglich der Schwierigkeiten beim Verständnis bestimmter Begriffe ist Folgendes zu sagen: Jede Anstrengung, jeder Lernprozess und überhaupt jeder Akt erzeugt, wenn er bewusst vollzogen wird, im Psychischen und im Organischen eine Art der Kraft, die von der bekannten vollkommen verschieden ist. Es handelt sich dabei um die „Bewusstseinsenergie", die den gesamten Organismus durchdringt, wenn sie gespeichert wird. Dies ist ein Prozess der Selbsterschaffung; er geht mit einer entscheidenden Veränderung auf Zellenebene einher, wenn die biologische Erneuerungszeit der Zellen abläuft. Die von uns erzeugte „Bewusstseinsenergie" „zündet" den göttlichen Funken selbst, wobei sie ihn potenziert und in eine „Sonne" verwandelt. Dabei wird eine Energieebene geschaffen, die sich von der zuvor besessenen völlig unterscheidet.

Der Prozess der Entwicklung „inneren Reichtums" bedeutet eine wahre Wiedergeburt. Für sie sind keine seltsamen Energien metaphysischer Art nötig, sondern im Gegenteil andere, die implizit durch die Quantenphysik erklärt werden, auch wenn sie in ihrer tiefen Bedeutung unbegriffen bleiben.

X

Die Handhabung der persönlichen Anstrengung zum Erwerb von Macht

Es ist unbedingt darauf hinzuweisen, dass der Erwerb „inneren Reichtums" keinen Ersatz für die mühsame Anstrengung darstellt, die für wichtige und signifikative Errungenschaften erforderlich ist. Er macht nur deutlich, wie die Arbeit kanalisiert werden muss, um den Erfolg zu erreichen.

Wenn wir etwas Bestimmtes anstreben, unternehmen wir selbstverständlich größtmögliche Anstrengungen dafür, und oft sind wir am Ende erschöpft und frustriert; nicht nur, weil unser Wunsch unerfüllt geblieben ist, sondern auch, weil wir uns ausgebrannt fühlen.

Mancher ärgert sich sogar über die Frage, ob er sich auch genügend Mühe gegeben habe, und versichert, dass er sich sehr wohl anstrenge.

Manche Menschen arbeiten 12 Stunden im Tag unbefriedigend oder ergebnislos und strengen sich anscheinend bis zum Äußersten an.

Ich meinerseits behaupte, dass wir selten über 50 % unserer Körperkraft und nur in außergewöhnlichen Fällen mehr als 10 % unserer geistigen Kraft verwenden.

Der Grund dafür liegt darin, dass unser Gehirn über verschiedene Sensoren verfügt, durch die es alle organischen Phänomene erkennt, um die körperliche Aktivität entsprechend regulieren zu können. Häufig kommt es vor, dass die Sensoren durch negative Angewohnheiten des Individuums oder durch dessen willkürliches Verhalten gestört werden und falsche Ergebnisse anzeigen.

119

Bei übergewichtigen Menschen etwa ist der für das Sättigungsgefühl verantwortliche Sensor beeinträchtigt und erkennt den entsprechenden Reiz zu spät, wenn das Individuum bereits zu viele Nahrungsmittel verzehrt hat.

Dasselbe ist bei dem Sensor der Fall, der die Anstrengung erkennt. Das alte, entbehrungsreiche Dasein unserer Vorfahren ist durch den Komfort und die unzähligen Bequemlichkeiten des modernen Lebens ersetzt worden.

Wenn wir in einer hohen Etage leben oder arbeiten, benutzen wir nie die Treppe; wir fahren immer mit Auto oder Bus; wenn wir ein Fitnessstudio besuchen, tun wir es nur an zwei oder drei Monaten im Jahr; joggen tun wir ausschließlich sonntags; unsere höchste Anstrengung besteht darin, täglich fernzusehen; und unser Körper ist wegen der Abwesenheit wirklicher Herausforderungen verweichlicht.

Wir meinen, uns wirklich anzustrengen, aber wir richten uns dabei nur nach den Signalen unseres Anstrengungssensors, der beispielsweise eine Auslastung von 90 % oder 100 % anzeigt, wenn er vielleicht nur 50 % anzeigen sollte. Im Ergebnis fühlen wir uns erschöpft.

Mit der Zeit gewöhnen wir uns derartig an diese Schwelle, dass wir nicht über sie hinauskönnen. Alle Gewinner zeichnen sich aber dadurch aus, dass sie zu einem gewissen Zeitpunkt über die Grenzen ihrer persönlichen Anstrengungen, also eigentlich über die Anzeige des Sensors hinausgehen.

Jenseits dieser Schranke befindet sich die kostbarste Ader energetischer Macht, der das Individuum bedarf. Es geht also darum, sich selbst zu besiegen, sich zu opfern, Trägheit und Bequemlichkeit zu überwinden, effizient zu sein, sich zu engagieren und wirklich die höchstmögliche Anstrengung zu unternehmen.

Es gibt keinen Grund zur Furcht vor der Heftigkeit dieser Forderung; man muss nur für eine allmähliche Steigerung sorgen.

Kosmische Währung

Jeder, der regelmäßig laufen geht, kennt die Existenz einer „zweiten Luft": Wenn sich nach einer gewissen Zeit des Laufens ein Gefühl der Erstickung einstellt und man trotzdem weiterläuft, öffnen sich die Lungen, um wieder Luft zu bekommen. Ich denke, wir können auch in unserem Fall von einer zweiten und dritten Luft sprechen: Wir verfügen über ungeahnte Energiereserven, die wir normalerweise nicht verwenden und die nur in Augenblicken äußerster Not zutage treten. Dies geschieht beispielsweise bei Lebensgefahr, wenn der durch den Selbsterhaltungsinstinkt bedingte Lebenswille es uns plötzlich erlaubt, diese Quelle der Kraft zu erschließen.

Eben die Willenskraft ist der Hauptschlüssel zum Tor der Macht. Ganz ohne uns in Lebensgefahr zu befinden, können wir eine analoge Situation simulieren, wenn wir innerlich den festen Entschluss fassen, dass unsere derzeitige Tätigkeit das Wichtigste in unserem Leben ist und sein Verlust einem Scheitern der eigenen Existenz gleichkommen würde.

Die Energie fließt entsprechend der Wichtigkeit, die wir diesem Bedürfnis zuschreiben, und natürlich ist bei Lebensgefahr das Bedürfnis absolut prioritär.

Die Energie fehlt uns also, wenn wir unserem Vorhaben nicht eine wirklich vorrangige Dringlichkeit beimessen, wenn wir es also bei einem einfachen Begehren belassen, ohne den Prozess des „wirklichen Wollens" einzugehen. In seinem Denken sieht das Individuum die Nichterfüllung seines Wunsches nicht als ebenso gravierend oder gewichtig an wie die Vernichtung des eigenen Körpers. Mit anderen Worten: Es kann auch gut ohne das Gewünschte auskommen.

Nur in Grenzsituationen haben wir Zugang zur Macht, da die Schwelle der Wachsamkeit nur in solchen Fällen bis zu ihrem höchsten Grad ansteigt, während der Körper die Hormonausschüttung maximal verstärkt, um der Gefahr zu trotzen.

Es geht durchaus nicht darum, lebensgefährliche Dinge zu tun. Sehr wohl ist es aber möglich, die Wirkung einer solchen Bedrohungslage auf Körper und Geist zu simulieren, um einen Anschluss zur Quelle der Macht herzustellen.

Unser Energiegrad richtet sich nicht nur nach der Intensität der unternommenen Anstrengung. Wenn der Körper nämlich wirklich durch Krankheit oder schädliche Lebensgewohnheiten erschöpft ist, wird er nicht adäquat auf willentliche Belastungen reagieren.

Tatsächlich existieren Energiequellen, deren Besitz wir nicht ahnen. Dies ist beispielsweise bei unseren psychologischen Fehlern und Konflikten der Fall: Sie entsprechen großen Mengen geronnener psychischer Energie, die sich in einem Zustand der Isolation, Starre oder Versteinerung befindet.

Jeder Fehler gleicht einer Ader in einem energetischen Bergwerk; sie erwartet ihre Bearbeitung durch einen kühnen Menschen, der bereit ist zu der gefürchtetsten aller Prüfungen: gegen sich selbst anzukämpfen und sich selbst zu besiegen.

Ich behaupte mit voller Überzeugung: Wenn wir bisher nicht in den verschiedenen Bereichen des Lebens vollkommen erfolgreich waren, so hat die Energie unserer Fähigkeiten nicht dazu ausgereicht. Es ist an der Zeit, auf unsere Fehler zurückzugreifen.

Diese Erläuterungen sind vielleicht mühsam zu verstehen. Dies ist nur folgerichtig, denn der Erfolg wird nicht allein von den Schwierigkeiten des Umfelds vereitelt oder beeinträchtigt, sondern vor allem durch die Art und Weise, in der diese Schwierigkeiten angegangen werden. Hierbei lassen uns unsere Fehler ineffizient, blind, unachtsam oder gleichgültig werden.

Man muss jedoch begreifen, dass unsere Fehler nicht nur unser Verhalten stören und auf unser Denken und unsere Emotionen wirken. Ihr größter Schaden liegt darin, uns eine ungeheure Menge an Energie zu entziehen.

Kosmische Währung

Unsere Fähigkeiten reichen offenkundig aus, damit wir uns innerhalb der gewöhnlichen Grenzen zurechtfinden. Wenn wir aber nach superlativen Zielen streben, müssen wir unbedingt die untergründige Macht nutzen, die inaktiv in unseren Fehlern liegt.

Die Gesamtheit unserer persönlichen Fehler erzeugt einen unerfreulichen Verhaltensmechanismus, der das Individuum ineffizient macht und es dadurch systematisch an dem Glück und dem Erfolg hindert, die es so sehr begehrt. Gar nicht zu sprechen von den Fällen, in denen Neid und Hass seinen Geist und sein Herz verderben, um es zu einem bösen Menschen werden zu lassen.

Erhellend sind in diesem Zusammenhang die Definitionen, die das Wörterbuch der Königlichen Spanischen Akademie (1992) für das Wort „Fehler" („defecto") liefert: „Mangel oder Abwesenheit der einer Sache eigenen und natürlichen Eigenschaften", „natürliche oder moralische Unvollkommenheit".

Die Fehler der Menschen bestehen also in dem Fehlen oder der Unzulänglichkeit ihrer „Menschlichkeit" oder ihres höheren menschlichen Inhalts aufgrund einer Entwicklungsstörung, die sie am Erwerb wirklich menschlicher Fähigkeiten hindert, sodass diese durch ein instinktives Verhalten ersetzt werden.

Dies spiegelt sich auch in der moralischen Unvollkommenheit des Menschen wider. Das bei dieser Art evolutionärer Unterentwicklung wichtigste symptomatische Leiden besteht in der offenkundigen Unfähigkeit, die Wirklichkeit so zu sehen, wie sie wirklich ist.

Fehler sind wie Blutegel, die sich in unserer Psyche festgebissen haben und von der Lebensenergie zehren, die sie uns absaugen.

Um sich von ihnen zu befreien, liegt die Lösung nahe, sie irgendwie zu vernichten. In diesem Fall würde aber die gesamte Kraft verloren gehen, die uns bereits entzogen worden ist.

Mein Vorschlag besteht darin, die Situation umzukehren und sich von den Fehlern zu „ernähren". Wie sollen wir das aber tun?

Ganz einfach, indem wir sie „aufessen" und dadurch die gestohlene Energie zurückerlangen, die uns gehört.

Mit dem „Aufessen" der Fehler meine ich einen Prozess, durch den ihnen Bewusstsein verliehen wird, um ihre Polarität umzukehren und sie dadurch in positive Kräfte umzuwandeln.

Das „Aufessen" der Fehler erfordert zunächst einen Prozess der Anerkennung und Adoption, denn sie sind wie uneheliche Kinder, die von ihrem Vater nicht anerkannt worden sind und dadurch zu einer Quelle negativer Energie werden: Sie haben sich zwar von der väterlichen Obhut unabhängig gemacht, bestehen aber auf dem Impuls, diese Energie zu absorbieren.

Zum „Aufessen" eines Fehlers ist es also zuallererst nötig, seine Existenz anzuerkennen und ihn als etwas Eigenes zu akzeptieren. Die Einsicht in unsere Fehler muss öffentlich sein, damit sie ans Licht kommen.

Dies ist von großer Wichtigkeit, denn wir sind nicht daran gewöhnt, das Böse in unserem Inneren zu erkennen, und verlagern es im Gegenteil nach außen, weil es eine große Beklemmung erzeugt.

Um dauerhaft fortzubestehen, müssen die Fehler im Dunkeln des Geistes verbleiben, damit das Individuum sie ignorieren oder verleugnen kann. Wenn sie im Gegenteil allzu offensichtlich werden, bleibt nichts als ihre Anerkennung.

In gewisser Weise sind Fehler wie Kinder, die von ihrem Vater wegen ihres schlechten Benehmens verstoßen worden sind. Gewinnt er sie zurück, so werden sie mit ihm zusammen, nicht gegen ihn arbeiten.

Nachdem wir mit der Hilfe von Menschen, die uns gut kennen, eine Liste unserer Fehler gemacht haben, beginnt der Prozess, in dem wir uns über die Art und Weise bewusst werden, in der uns jeder dieser Fehler schadet. Diese schädlichen Wirkungen sind in einem persönlichen Heft zu notieren und immer wieder zu lesen, damit wir unsere Augen für all das öffnen, was wir durch unsere Mängel im Leben versäumen.

Gleichzeitig sollte man einen Prozess der Selbstbeobachtung beginnen, um an sich selbst die Augenblicke zu erkennen, in denen der eine oder andere Fehler auftritt, sodass man sich gleichsam „auf frischer Tat ertappt".

Es ist empfehlenswert, jeweils nur an einem Fehler zu arbeiten und die anderen erst in Angriff zu nehmen, wenn Erstere durch bewusste Überlegung in eine positive Kraft umgewandelt worden ist. Dies erkennt man daran, dass die mit dem entsprechenden Fehler verbundenen Automatismen des Verhaltens verschwinden.

Ein gelehrterer Name für diesen Vorgang ist „Sublimation". Sie besteht darin, die Fehler auf eine höhere Ebene des Bewusstseins zu heben, auf der sie zu wertvollen Tugenden werden, die nicht angeboren sind, sondern einem persönlichen Verdienst entstammen.

In unserer Eigenschaft als Menschen befinden wir uns in einem Entwicklungszeitpunkt, in dem wir Licht und Schatten sind, eine Kombination aus Helligkeit und Dunkelheit. Unsere Schattenseite ist fest dazu entschlossen, uns zu einer Involution, also in Richtung der animalischen Ebene zu führen.

Nur gegenüber denjenigen, die sich selbst im weitesten Sinne des Wortes bezwingen (die dunkle Seite „besiegen") wollen, halte ich es für nötig, über den Hauptschlüssel zur Überwindung der eigenen Fehler zu sprechen.

Diese goldene Regel lautet: „Persönliche Fehler wirken nur in dem gewöhnlichen Bewusstseinszustand des Menschen. Wenn es ihm jedoch gelingt, seine kognitive Ebene in eine höhere Schicht zu erheben, bleiben die Verhaltensautomatismen für die Dauer des höheren Bewusstseinszustandes inaktiv."

Dieser Punkt braucht nicht weiter ausgeführt zu werden, denn es sollte der einzelne Mensch selbst derjenige sein, der sein inneres Geschehen bewertet, wenn er mit Hilfe der in diesem Buch beschriebenen Übungen zu einer höheren Ebene des Bewusstseins gelangt ist.

XI

Herstellung von „innerem Reichtum" durch motorische Deliberation

Die Automatismen des Verhaltens verursachen und festigen einen geringen Wachheitsgrad, was Folgendes zum Ergebnis hat:

1. Schläfrigkeit oder Müdigkeit.
2. Geistige Zerrissenheit.
3. Konzentrationsschwierigkeiten.
4. Allgemeine Erschöpfung.
5. Verstärkte *Suggestibilität*.
6. Mangelnde Selbstbeherrschung.
7. Wahnvorstellungen.
8. Beeinträchtigung der höheren Vernunft.
9. Anstieg negativer Emotionen.
10. Entfernung von der Wirklichkeit.
11. Willenlosigkeit.
12. Fehlende Individualität.
13. Störungen der Charakterentwicklung.
14. Infantilismus des Ich.
15. Extreme Rezeptivität und Akzeptanz gegen über Werbereizen und Schwäche gegenüber äußeren Einflüssen.

Ein geringer Wachheitsgrad ist also der größte Feind eines Menschen, der im Leben und bei seiner inneren Vervollkommnung erfolgreich sein will.

Die Schwere dieser Störung kann nur durch die Einsicht ermessen werden, dass es sich hierbei um so etwas wie eine „weiße Krankheit" handelt: Die Mehrheit der Menschen ist davon betroffen, aber nur eine Minderheit nimmt sie wahr, weil sie aus irgendeinem Grund immun oder „resistent" ist. So ist es der Wissenschaft zwar theoretisch nicht unbekannt, dass die Menschen tagsüber in einem Zustand des Halbschlafs leben. Es gelingt ihr aber nicht, das wirkliche Ausmaß dieses Mangels zu erkennen, was die ungeheuren damit verbundenen Beschränkungen für die Intelligenz und das Bewusstsein der Menschen betrifft.

Recht oft geschieht es, dass die Wissenschaft „zwar informiert ist, aber nicht begreift". Würde ein waghalsiger Forscher zweifelsfrei beweisen, dass der Mensch trotz all seiner Errungenschaften eigentlich auf einer äußerst niedrigen Bewusstseinsebene lebt, so würde man ihn verstoßen und verfolgen.

Zu diesem Thema habe ich in anderen Arbeiten ausführlich Stellung genommen. Daher an dieser Stelle nur der Hinweis, dass das menschliche Bewusstsein mangelhaft ist und dass darin die Ursache für Morallosigkeit, Elend, Kriminalität, Krieg, Gewalt, Terrorismus, Drogensucht, Geisteskrankheiten und so viele andere Missstände zu suchen ist.

Dies ist auch der Grund, aus dem die Entwicklung des „inneren Reichtums" zu absolutem Erfolg und vollkommener Erfüllung mit transzendentalen und materiellen Gütern verhelfen kann. Teilweise geschieht dies, indem der Mensch zu unterscheiden lernt, was im Leben wirklich lohnenswert ist, und dadurch aufhört, sich von Sirenengesängen und Größenwahn täuschen zu lassen und Einbildungen nachzujagen, die wie Luftballons in sich zusammenfallen, wenn man sie erreicht. Hauptsächlich gelingt dies aber dadurch, dass es die erworbene Macht erlaubt, von sich selbst Besitz zu ergreifen und dadurch, in natürlicher Analogie, zu einer adäquaten und harmonischen Handhabung der persönlichen Umwelt zu gelangen.

Hervorgerufen und erhalten wird der geringe Wachheitsgrad durch die verschiedenen Automatismen des Individuums, darunter die verschiedenen Gewohnheiten, das zerebrale Programm (die Gesamtheit der informatischen Vorschriften, die in den Neuronen enthalten sind), das emotionale Register, die Motorik und die unbewussten Handlungen.

Für eine stetige Erhöhung des Wachheitsgrades ist es also erforderlich, tagsüber bewusste Bewegungen auszuführen. Beginnen wir mit dem Einfachsten, nämlich dem Gehen.

Bewusstes Gehen zur Erhöhung des Wachheitsgrades

Wenn ein Mensch geht, tut er es in mechanischer Weise und denkt dabei an alles Mögliche, außer an das, was er gerade tut.

In dieser Übung gehen wir langsam, bedächtig und harmonisch; wir konzentrieren uns dabei auf unser Gehen und versuchen, perfekte Bewegungen auszuführen, als befänden wir uns in einer Probe für einen wichtigen Film. Wir schauen nach vorne, ohne etwas Bestimmtes zu fixieren, und gehen mit regelmäßigen, etwas länger als normal gehaltenen Schritten. Dabei halten wir uns aufrecht und nehmen einen ruhigen, friedlichen Gesichtsausdruck an, während wir tief atmen und uns dabei des Luftstroms bewusst bleiben.

Die Dauer sollte mindestens fünf Minuten betragen.

Die Übung ist zu wiederholen, bis das Gehen als „schwebende Fortbewegung" erlebt wird.

Einer der Vorzüge bewusster Bewegungen besteht darin, dass man oft keine zusätzliche Zeit benötigt, um sie durchzuführen. Wir können einfach Situationen unseres Alltags nutzen, um an Wachheit zu gewinnen.

Bei diesem Ausdruck möchte ich kurz verweilen: „an Wachheit gewinnen". Wer ihn liest oder hört, wird sicher gerne seinen Wachheitsgrad erhöhen wollen und darauf vertrauen, dass ihm dies beim Erwerb von „innerem Reichtum" nützlich sein wird. Doch nur selten wird er die reale und signifikative Dimension begreifen und einsehen, die in der Steigerung des eigenen Wachens liegt.

Wie in vielen anderen Dingen liegen auch hier Lichtjahre zwischen dem intellektuellen Verständnis einer Sache und dem Vorstoß zu ihrer signifikativen Tiefe. Wie ich bereits hervorgehoben habe, ist das signifikative Vermögen nicht angeboren, sodass es nur durch persönliche Arbeit an der eigenen Psyche hervorgebracht werden kann. Zu Beginn sollte dies – neben der bisher in diesem Buch gegebenen Anleitung – auf der Einsicht basieren, dass wir meist nur die Oberfläche eines Dinges streifen, wenn wir es zu verstehen glauben, während das wahrhaftig Wichtige in dem essenziellen Inhalt dieses Dinges liegt. Wir müssen uns also immer danach fragen, was jenseits der Oberfläche liegt, und uns um Tiefe bemühen. Ein solches Streben ist es nämlich, das uns irgendwann zu einer ersten signifikativen Ahnung führen wird. Dies wird zu einer beinahe mystischen Erfahrung durch den Eindruck, den es auf uns macht, zwanzig Jahre lang ein Ding, eine Situation, einen Begriff oder ein Problem vor unserer Nase gehabt und nie gesehen zu haben, was wir nun erkennen. Wo verbarg sich früher das, was jetzt offensichtlich ist? Hinter der Schläfrigkeit unseres geringen Wachheitsgrades, in dem wir beinahe schlafen und doch glauben, wach zu sein.

Wir tun alles in einem Trancezustand: das eigene Leben organisieren, denken, Emotionen verspüren, heiraten, Kinder bekommen und ein Dasein führen, das wir für normal halten und von dem wir denken, dass es optimal für Individuen mit menschlichen Fähigkeiten ist. Diese sind aber durch das Phänomen der mangelhaften Wachheit dramatisch gemindert und gestört.

Es ist also von äußerster Wichtigkeit, zu einer ersten Ahnung signifikativer Erfahrung zu gelangen, in diesem Fall mit Hilfe des Begriffs der „höheren Wachheit".

Wenn allerdings jemand von der Möglichkeit, einen intensivierten Zustand des Bewusstseins und der Wachheit zu erlangen, nicht tief beeindruckt und erregt ist, so nur deshalb, weil er die Bedeutung dieser Möglichkeit nicht begriffen hat, wie ich an dieser Stelle anmerken muss. Diese Schwierigkeit liegt keineswegs in der Komplexität des Begriffs, sondern einfach darin, dass wir von einem schlafenden Geist Einsicht in seine eigene Situation verlangen, und der Mensch zeichnet sich nicht gerade durch seine Fähigkeit aus, sich selbst objektiv zu betrachten.

Die erste signifikative Ahnung tritt daher ein, wenn das Individuum mit aller Kraft versucht, die Tiefe des Begriffs zu durchdringen. Dieses Streben erfordert die Mitwirkung seiner höheren Rationalität, seines tiefen und stetigen Interesses, seiner Emotionen, seiner Willenskraft, seiner Instinkte, seiner Intuition und sogar seines Geruchssinns, was alles von gewöhnlicher intellektueller Tätigkeit weit entfernt ist.

Nach dem ersten signifikativen Aufblitzen wird das Individuum wissen, wovon die Rede ist, denn es wird ein kleines Bruchstück von der transzendentalen Bedeutung der Sache ermessen können.

Die größte innere Schwierigkeit liegt vielleicht in dem gesunden Menschenverstand, der mit der Schläfrigkeit der mangelhaften Wachheit durchsetzt ist und sich daher fragt, warum die Wissenschaft den Halbschlaf des Menschen nicht umfassend geprüft und bekannt gemacht hat, wenn er denn tatsächlich gegeben ist.

Leider neigen die Menschen eben dazu, die Dinge nicht nach ihrem wirklichen inneren Wert zu bemessen, sondern nach dem Prestige der Quellen, aus denen sie fließen, ohne dabei zu bemerken, dass Prestige in unserer heutigen Welt hauptsächlich eine Sache von Imagepflege und Marketing im Dienste wirtschaftlicher oder politischer Interessen ist.

Es ist für niemanden ein Geheimnis, dass es recht unbegabte Spezialisten gibt, die an den angesehensten Universitäten studiert haben, während andere, die viel brillanter sind, aus bescheideneren Schulen kommen. Am treffsichersten und wahrhaftigsten sind freilich meist jene, die sich in der „Universität des Lebens" gebildet haben.

Meines Erachtens fehlen in der Wissenschaft viele, die dazugehören sollten – und umgekehrt. Betrug und Manipulation sind dort ebenso häufig wie in anderen Bereichen des Lebens (siehe Federico Di Trocchio: *Der große Schwindel*).

Ich habe nichts gegen die Wissenschaft einzuwenden, nur benötigt sie für ihre Forschungen viel Geld, sodass sie häufig in den Dienst jener tritt, die sich einen Nutzen von ihrer Finanzierung versprechen und diese auch wieder entziehen können, wenn die Ergebnisse ihren Interessen entgegenlaufen.

Es ist alles andere als verwunderlich, dass bestimmte Themen für die Wissenschaft tabu sind, wenn sie entweder nicht erforscht worden sind oder im Gegenteil sehr wohl Untersuchungen stattgefunden haben und das Gebiet als „vertraulich" eingestuft worden ist, um eine öffentliche Verbreitung zu vermeiden, während gleichzeitig Rufmordkampagnen gegen jeden veranstaltet werden, der solche Dinge kennt und von ihnen spricht.

Die Tatsache, dass ein bestimmtes Thema der herkömmlichen Weisheit oder der Wissenschaft unbekannt oder unwillkommen ist, bedeutet überhaupt nichts. Stellen Sie sich beispielsweise vor, man würde einen Impfstoff gegen die Wirkung von Werbung entdecken. Hand aufs Herz: Würde er jemals hergestellt und verkauft werden? Oder wenn ein Kraut entdeckt würde, das abseits der herrschenden ärztlichen Praxis die Gesundheit wiederherstellen und alle Krankheiten heilen könnte – würden wir je in den Genuss eines solchen Mittels kommen?

Ich habe mich bei diesen Argumenten länger aufgehalten, weil es unserem signifikativen Vermögen gut tut, sich auf neue Themen einzulassen, die eine tiefere Untersuchung erfordern, wenn man zu vernünftigen Schlüssen bezüglich ihrer Wahrheit oder Unwahrheit kommen will.

Für eine weitere Steigerung der Wachheit sollen nun zwei zusätzliche Übungen eingeführt werden. Sie haben den Vorzug, dass sie sich auf verschiedene Weisen zwei alltägliche unerlässliche Tätigkeiten wie das Frühstücken und die Zahnhygiene zunutze machen. Es geht also darum, weiterhin dasselbe zu tun, dabei jedoch in der geistigen und emotionalen Haltung, in der Geschwindigkeit, in der Vorsätzlichkeit und im Respekt bestimmte Änderungen einzuführen.

Die japanische Teezeremonie ist eine rituelle, vom Zenbuddhismus beeinflusste Weise, dieses Getränk zuzubereiten. Der Tee muss auf möglichst vollkommene, höfliche, graziöse und charmante Weise serviert werden, was Jahre der Übung und des Lernens erfordert.

Ganz offensichtlich besitzt dieses Ritual einen moralischen und spirituellen Inhalt, der es mit den Prinzipien dieses Buches verbindet.

Bewusstes Frühstücken

Dies erfordert eine geistige und emotionale Vorbereitung, die all unsere Aufmerksamkeit und Energie auf den Akt des Frühstückens konzentriert, als wäre es das Wichtigste in der Welt, als wäre man dabei in einem Raumzeit-Modul versunken, in dem das Allerwichtigste und die einzige gewisse Wirklichkeit der Welt bestehen würde. Der so zugeschriebene Wichtigkeitsgrad ist gar nicht fiktiv, wenn man bedenkt, dass das Frühstücksritual unser Leben und unser Schicksal positiv beeinflussen kann. Es muss eine gewisse Zeitdauer bestimmt werden, für die ich zunächst 15 Minuten veranschlagen und mit Hilfe einer Tischuhr kontrollieren würde. In dieser Zeit sollte jede äußere Einwirkung ausgeschlossen werden, als gäbe es sie nicht. Man darf nicht sprechen, ans Telefon gehen oder sich mit einem anderen Menschen unterhalten. Der Erfolg dieser Übung erfordert, wie ich bemerken sollte, eine vollkommene, absolute Konzentration auf die eigene Tätigkeit, als würde das eigene Leben davon abhängen. Aufgrund dieser Anforderungen ist sie **nicht** für Menschen geeignet, die nur spielen wollen, um zu „sehen, was passiert".

Wenn man sie nur als Spiel betrachtet, ist sie eine Zeitvergeudung.

Wird sie mit vollkommenem Ernst vorgenommen, kann sie das Schicksal positiv verändern, sodass ich empfehle, es das ganze Leben lang zu tun.

Zu Beginn setzen wir uns an den Tisch, an dem wir normalerweise frühstücken. Im Augenblick des Platznehmens betrachten wir alle Dinge, die sich dort befinden (Brot, Zucker, Kaffeetasse, Milch, Butter, Marmelade oder was man sonst zu essen pflegt, dazu die nötigen Utensilien), wobei wir uns die Tatsache zu Bewusstsein führen, dass sie sich in diesem Augenblick dort befinden. Wir fixieren das Bild: „Ich, Max Mustermann, werde nun frühstücken, und alles, was sich hier auf dem Tisch befindet, ist zu meinem Wohle angerichtet." Die visuelle Bestandsaufnahme und die physische Verteilung der Gegenstände auf dem Tisch sollte ohne Hast und mit ständiger Fixierung des Ich-Gedankens vorgenommen werden.

Das gesamte Frühstück sollte unter der Vorstellung eingenommen werden: „Wenn ich frühstücke, frühstücke ich", also mit völliger Konzentration auf das Frühstück, ohne an irgendetwas anderes zu denken, als wäre das Frühstücken in diesem Augenblick das Wichtigste im Leben. Der gesamte Prozess sollte geruhsam, bewusst und in einem Zustand vollkommener Wachsamkeit ablaufen und darauf ausgerichtet sein, Feinheit und Genauigkeit in den Bewegungen zu erreichen, die Nahrungsmittel gut zu kauen und ihren Geschmack richtig wahrzunehmen. Im Grunde sollte das Frühstücken zu einem Ritual werden, das einen höheren Grad der Wachheit einleitet.

KOSMISCHE WÄHRUNG

Um es noch einmal zu sagen: Der Schlüssel dieser Übung liegt darin, sie wie das Wichtigste in der Welt durchzuführen und jede unachtsame Bewegung als einen Akt zu betrachten, der die eigene Sicherheit bedrohen könnte.

Zahnhygiene

Diese Übung ist eine Variante der vorherigen. Sie beginnt in dem Moment, in dem wir, mit einem Glas Wasser in der Hand, den Mund über dem Waschbecken ausspülen. In diesem Augenblick sollten wir folgenden Gedanken fassen: „Ich werde mir nun bewusst die Zähne putzen."

Anschließend nehmen wir mit folgendem Gedanken die Zahncremetube in die linke Hand: „Ich tue dies, und es ist in diesem Augenblick das Wichtigste in der Welt."

Dann nehmen wir die Zahnbürste mit einer Bewegung, als ginge es um etwas von außerordentlicher Wichtigkeit, und mit dem Gedanken: „Ich nehme gerade die Zahnbürste in die Hand." Daraufhin tragen wir Zahncreme auf, wobei wir unserer Handlung absolute und prioritäre Wichtigkeit verleihen und versuchen, die Bewegungen so vollkommen wie möglich auszuführen.

Wir verschließen die Tube so kontrolliert, vollkommen und präzise wie möglich, als würde hiervon das eigene Leben abhängen. Nun beginnen wir mit dem Bürsten beim rechten Oberkiefer und gehen dann zum linken Oberkiefer über. Dabei sollten wir daran denken, dass unsere Handlung vorrangige Wichtigkeit hat und so vollkommen wie möglich durchgeführt werden muss, wobei jeder Zwischenraum sorgfältig gebürstet wird.

Anschließend führen wir die Reinigung mit dem linken und rechten Unterkiefer fort, schließlich mit der Innenseite beider Kiefer. Wir gehen dabei gewissenhaft, aufmerksam und bewusst vor und fassen den Gedanken: „Ich putze mir gerade die Zähne, und das ist in diesem Augenblick das Wichtigste in der Welt."

Ich habe versucht, die Beschreibung so umfassend wie möglich zu gestalten, um die bei dieser Übung erforderliche Bewusstwerdung zu unterstreichen. Natürlich kann die Reihenfolge, in der die Zähne geputzt werden, beliebig verändert werden, solange die genannte Gewissenhaftigkeit nicht verloren geht.

Frühstücken und Zähneputzen müssen wir jeden Tag, und daher ist auch ein *Umbau* dieser so simplen Tätigkeiten möglich, durch den sie nunmehr eine doppelte Funktion haben: die Ernährung beziehungsweise Hygiene sowie die Steigerung des Wachheitsgrades. Der Vorteil dieses Trainings besteht darin, dass keine zusätzliche Zeit erforderlich ist; wir müssen nur alltägliche Tätigkeiten optimieren.

Ich sollte darauf hinweisen, dass es bei diesen Übungen von wesentlicher Bedeutung ist, sie nicht zu einer Routine werden zu lassen, da sie in demselben Augenblick, in dem das geschieht, ihre Nützlichkeit einbüßen würden.

Man könnte sich fragen, wie man sich jeden Tag die Zähne putzen soll, ohne dass es zu einer Routine wird. Die Antwort ist einfach: Man muss immer daran denken, dass das Putzen in diesem Fall über die schlichte Zahnhygiene hinausgeht und zu einem außergewöhnlichen Werkzeug wird, um unseren Wachheitsgrad zu steigern und dadurch Zustände höheren Bewusstseins zu erreichen, die uns dem „inneren Reichtum" und allem, was er bedeutet, ein Stück näherbringen.

Um es im übertragenen Sinne zu sagen: Wir putzen uns in diesem Augenblick nicht die Zähne, sondern „wir geben *kosmische Währung* aus". Ich wüsste nicht, wie man unter solchen Umständen der Routine verfallen sollte. Dies könnte nur geschehen, wenn das Individuum weder die Bedeutung dieser kostbaren Eigenschaft begreift, noch das Ausmaß dessen erkennt, was es dadurch erreichen kann.

Kosmische Währung

Jedes Mal also, wenn wir frühstücken oder uns unserer Zahnhygiene widmen, sollten wir das wunderbare Gefühl haben, bestimmte Werkzeuge für einen *Umbau* unseres Geistes einzusetzen, durch den wir in den wirklichen Genuss aller schönen Dinge des Lebens kommen werden.

Dasselbe gilt selbstverständlich für alle in dieser Arbeit angeführten Übungen, was den besten Anreiz zu ihrer einwandfreien Durchführung darstellen dürfte.

XII

Vermehrung der eigenen Energie durch geistige Disziplin

Ein allgemein bekannter Rat lautet, man solle „nur eine Sache auf einmal tun", aber die Komplexität des täglichen Geschehens führt uns ständig dazu, diese Regel zu missachten.

Der wahre Zweck des genannten Prinzips wird allerdings nie erklärt. Es heißt lediglich, seine Beachtung sei gut für die psychische Gesundheit, während es in Wirklichkeit dazu dient, „die innere Zerrissenheit zu verhindern". Unsere alltägliche Identität ist tatsächlich nicht einheitlich, sondern zerstückelt, was zu einem erheblichen Energieverlust und dadurch zu einer psychischen Verweichlichung führt.

Um über eine größere Menge an nutzbarer und einsetzbarer Energie zu verfügen, benötigen wir eine „Kompaktierung des Ich", welche durch die Konzentration auf ein einziges Ding erreicht werden kann.

Zur Veranschaulichung möchte ich den Fuß eines Elefanten mit dem Pfennigabsatz einer Dame vergleichen. Trotz seines Gewichts wird der Dickhäuter keine sichtbare Spur seiner Masseenergie auf einem Parkettboden hinterlassen, weil sein Gewicht auf viele Quadratzentimeter verteilt ist, während eine Frau selbst dann die Spuren ihrer Absätze hinterlassen kann, wenn sie kaum 47 Kilogramm wiegt.

In übertragenem Sinne könnte man sagen, dass der Elefant sich trotz seiner großen Körpermasse in einem Zustand energetischer Verteilung im Verhältnis zum Boden befindet, wie es bei den Menschen meist im Verhältnis zu ihrer Umgebung der Fall ist.

Wenn wir eine Uhr in die Hand nehmen und an die Zeit denken, werden wir verstehen, dass „der gegenwärtige Augenblick die einzige Wirklichkeit ist und dass sowohl die Zukunft als auch die Vergangenheit in diesem Augenblick unwirklich sind". Dies gibt uns eine Vorstellung von dem Grad, in dem unser Ich zerrissen ist. Dieses ist nämlich untrennbar von der Aufmerksamkeit, die durch die schlechte Angewohnheit, vielen Dingen gleichzeitig nachzugehen, zerstückelt wird und zu einer erheblichen Verringerung des Wachheitsgrades beim Individuum führt.

Einerseits tun wir mehrere Dinge gleichzeitig, aber andererseits befindet sich unser Ich niemals vollkommen in der Gegenwart, sondern ist vielmehr über Vergangenheit und Zukunft verstreut. In früheren Zeiten verharrt es wegen der „Fixierungen" der Libido in der Vergangenheit. Diese Fixierungen meint Freud, wenn er unsere Psyche mit einer Armee vergleicht, die in den Krieg zieht und verschiedene Schlachten ficht, in denen jedes Mal eine bestimmte Anzahl an Soldaten in Gefangenschaft gerät, sodass die Truppenstärke graduell abnimmt.

Ein Teil unseres Geistes ist auf vergangene Ereignisse fixiert, der kleinste Teil befindet sich in der Gegenwart, und der Rest wird auf die Zukunft projiziert, sodass wir durchaus als „Zeitreisende" gelten können, die sich jedoch nicht mit ihrem Körper durch die Zeit bewegen, sondern mit ihrem Geist. Letzteres ist allerdings unvermeidlich.

Die Wissenschaft sucht eifrig nach einer Technologie, um in die Zukunft oder in die Vergangenheit zu reisen. Sie sollte sich eher auf eine Möglichkeit konzentrieren, in die Gegenwart zu reisen und dort zu verweilen, denn nur in diesem Zustand ist es möglich, das höhere Bewusstsein zu entwickeln und zur menschlichen Exzellenz fortzuschreiten.

Gerade hier liegt unser großes Problem: Wir sind Reisende, die ihren Weg in der Zeit verloren haben und zwischen Vergangenheit und Zukunft zerrissen sind, weshalb wir in der Gegenwart jeder Macht entbehren. Als wäre dies nicht genug, fragmentiert sich der kleine Teil unserer selbst, der in der Gegenwart verharrt, durch die gleichzeitige Beschäftigung mit vielen Dingen.

Jeder, der sich selbst ernsthaft beobachtet, wird meine Ausführungen vollkommen bestätigt finden.

Ständig befinden wir uns unter der Last der fernen und nahen Vergangenheit. Wenn wir ein aktives Leben führen, so werden wir heute um 20 Uhr keinen emotionalen Frieden haben, sondern aufgewühlt sein, denn wir stehen noch unter dem Einfluss unserer heutigen Erlebnisse und werden in der Nacht noch von ihnen träumen. Dies ist der Beweis dafür, dass wir an der Vergangenheit „kleben bleiben", ja dass wir immer in gewisser Weise an ihr hängen. Parallel dazu leben wir in Projektion auf die Zukunft, in banger Erwartung dessen, was uns widerfahren mag, und in der Hoffnung auf große Ereignisse, die unser Leben verbessern.

Es nimmt also nicht wunder, dass wir klein sind, denn mindestens die Hälfte von uns befindet sich buchstäblich in der Vergangenheit und in der Zukunft.

Als Kinder leben wir in Gedanken daran, was wir tun werden, „wenn wir einmal groß sind", und als Erwachsene sind wir von Geschehnissen, die 20 oder 30 Jahre zurückliegen können, erschüttert oder frustriert.

Manchmal fühlen wir uns sehr wichtig, tatsächlich aber fehlt es uns an Haltung und wir werden von den anderen als „unerheblich" wahrgenommen.

Es trifft zwar zu, dass ein durch Marketing hergestelltes Image die Menschen eine Zeit lang täuschen kann, aber letzten Endes setzt sich das wirkliche „innere Gewicht" des Individuums als persönliche Haltung und schlüssige Persönlichkeit durch.

Da jeder Erfolg in wirtschaftlicher oder beruflicher Tätigkeit auf einer guten Kommunikation mit den Mitmenschen gründet, ist es höchst wünschenswert, einen Grad der genannten inneren Schlüssigkeit zu erreichen, wie er einem erwachsenen und reifen Ich entspringt. Um als Individuum mit Haltung wahrgenommen zu werden, sollten wir folgende Bedingungen erfüllen:

– Eine herausragende persönliche Ethik.
– Ehrlichkeit in den eigenen Motivationen (Abwesenheit verborgener Motive, die zu einer doppelten Moral führen können).
– Im Gespräch mit anderen nicht lügen oder prahlen.
– Nicht versuchen, Eindruck zu schinden.
– Aufrichtig und realistisch sein.
– Nicht versprechen, was wir nicht halten können.
– Niemanden beschimpfen oder diskriminieren.
– Geduldig und tolerant sein.
– Uns nicht von Ehrgeiz und Gier mitreißen lassen.
– Auf Eitelkeit und Stolz verzichten.
– Nicht zu viel sprechen.
– Keinem Größenwahn verfallen.
– Nicht eingebildet sein.
– Zuhören können.
– Sich nicht durch negative Emotionen wie Neid oder Ressentiment verderben lassen.
– Anderen nichts zufügen, was wir nicht selbst erleiden wollen.
– Worte und Taten in Einklang bringen.
– Das gegebene Wort halten.
– Realistisch sein, um sich nicht von der Phantasie treiben zu lassen.
– Ein Gleichgewicht herstellen, das unsere eigenen Interessen mit denen anderer abstimmt.
– Uns darum bemühen, den Standpunkt unseres Gesprächspartners zu verstehen.

- Wirkliches Interesse für das Wohlergehen unseres Nächsten haben.
- „Inneren Reichtum" entwickeln.
- Immun werden gegen Schmeicheleien.
- In der Gegenwart verharren.
- Keine offenen Probleme anhäufen.

Zu viele Empfehlungen? Nun, es sind nicht mehr oder weniger als die, die einem Menschen, der als solcher wahrgenommen werden will, entsprechen. Wenn wir uns über die aufgezählten Empfehlungen ärgern, haben wir uns vielleicht bereits an die Unmenschlichkeit gewöhnt.

Diese Punkte betreffen eine Selbstdisziplin, mit der die Energiereserven durch die Beseitigung unserer Schwachpunkte potenziert werden, was uns zu „innerer Haltung" verhilft.

Ein besseres Verständnis dieses Ausdrucks ermöglicht das Beispiel eines äußerlich guten Verkäufers, der jedoch einer inneren Haltung entbehrt, was seine Argumentation schwächt, sobald es von seinen Kunden wahrgenommen wird.

Ich meine einen Menschen, der typische Fehler macht:

- Er glaubt nicht an die hohe Qualität des angebotenen Produktes, sodass seine Erklärungen beim Verkauf nicht überzeugend wirken. Er hat keine Selbstdisziplin und also keine Energie, sodass er als schwach wahrgenommen wird.
- Er verspätet sich bei Terminen oder hält das Versprochene nicht strikt ein.
- Er verfügt nicht über vollständige technische Informationen zu dem Produkt, das er verkauft.
- Er verwickelt sich leicht in Widersprüche.
- Er verliert die Kontrolle bei schwierigen Käufern.
- Er drückt sich mit mangelhafter Klarheit und Überzeugung aus.

– Seine äußere Erscheinung lässt zu wünschen übrig.
– Er gibt sich leicht geschlagen.
– Es fehlt ihm an Wärme.
– Er stellt seinen persönlichen Gewinn über den Dienst am Kunden.

Erfolg im Leben können wir nur durch andere Menschen erreichen, nicht in der Isolation. Daher ist es von äußerster Wichtigkeit, dass wir freundlich auftreten und in der Lage sind, uns bei unseren Gesprächspartnern Gehör zu verschaffen, was zu einem großen Teil von dem ersten Eindruck abhängt, den wir hinterlassen. Die Rezeptivität der anderen ist entscheidend von der Energie und von der persönlichen Sicherheit bedingt, die wir ausstrahlen, und diese wiederum sind das Ergebnis individueller Disziplin.

Ebenfalls unerlässlich ist ein wahres Interesse daran, anderen Menschen eine bestmögliche technische, professionelle, wirtschaftliche, erzieherische oder unternehmerische Dienstleistung zu erbringen. Wir treten damit der geläufigen Vorstellung jener Menschen entgegen, die nur mit einer Dienstleistung von zweifelhaftem Nutzen „etwas Geld abzocken" wollen und daher letztendlich Erstklassiges anpreisen und Drittklassiges liefern.

In diesem Sinne muss die Mentalität geändert werden, um ein echtes Interesse für den Dienst an der Gesellschaft zu entwickeln und *immer mehr zu geben, als wir angeboten haben.*

In großen Unternehmen weiß man, wie schwer es ist, Manager zu finden, die Ihre Führungsaufgaben effizient und erfolgreich wahrnehmen können, denn viele verfügen nicht über die geeignete technische Qualifikation, soziale Kompetenz oder ethisches Rückgrat.

Zudem sind aber Top-Manager mit intensiven Arbeitstagen und großer Verantwortung stärker als sonst jemand stressbedingten emotionalen und psychischen Schäden ausgesetzt und haben dadurch ein dringendes Bedürfnis nach einem nachhaltig ausreichenden Energieniveau, sodass die in diesem Werk dargelegten Prinzipien ihnen sehr nützlich sein können.

Um nun das Thema der Energiesteigerung durch geistige Disziplin fortzuführen: Die Mechanik des Verlustes und Gewinnes an Energie muss als Ergebnis unseres täglichen Verhaltens verstanden werden.

Wir verlieren Energie durch:

- innere Zerrissenheit
- gleichzeitiges Tun verschiedener Dinge
- Entfernung vom gegenwärtigen Augenblick
- Mangel an geistiger Konzentration
- Störung des Geistes durch emotionale Konflikte
- Eitelkeit, Stolz und Hochmut
- Tagträumerei
- Frustration
- mitreißende Wut
- Unentschlossenheit
- Mangel an Begeisterung für das, was wir tun

Das Element der inneren Zerrissenheit ist stets in unseren verschiedenen alltäglichen Erlebnissen präsent.

Beispiel:

Wir gehen mit einem Aktenkoffer in der Hand durch die Stadt. Plötzlich fällt uns der Aktenkoffer aus der Hand auf das Pflaster, wobei er sich öffnet und sich die Papiere auf der Straße verstreuen. Die Situation ist uns unangenehm und peinlich. Nichts täten wir in diesem Augenblick weniger gerne, als uns inmitten aller Leute zu bücken, um die auf dem Boden liegenden Papiere aufzulesen, aber wir müssen es – wenn auch widerwillig – dennoch tun, sodass der einfache Akt, die heruntergefallenen Gegenstände aufzusammeln, einen erheblichen Energieverlust darstellt.

In dieser Episode, die Tausende alltäglicher Varianten kennt, *tun wir letztendlich etwas, das uns gegen den Strich geht, gegen das wir einen Widerwillen haben; das Gegenteil dessen, was wir wünschen.* Wir zwingen uns innerlich und werden dadurch stark zermürbt.

Um einen Vergleich mit einer sehr vertrauten Maschine, nämlich dem Auto, zu verwenden: Wir mussten „bei angezogener Bremse Gas geben". Leider tun wir dies jeden Tag auf die eine oder andere Weise, sodass unsere Energiereserven verringert und unsere physische und psychische Gesundheit geschädigt werden.

Für eine bessere Veranschaulichung dieses Umstandes möchte ich einige Situationen nennen, in denen dies typischerweise auftritt:

- Wir sind sehr beschäftigt und werden vom Klingeln des Telefons unterbrochen. Wir nehmen ab, es handelt sich aber um einen falsch verbundenen Anruf. Dies wiederholt sich drei Mal, was uns unangenehm ist und unsere Energie zerreißt und verringert.
- Nachdem wir zu Hause mit einer Gruppe von Freunden zu Abend gegessen haben, ist es nun Zeit, aufzuräumen und den Abwasch zu machen. Wir müssen es tun, verspüren dabei aber Widerwillen und einen gewissen Ärger, was ebenfalls zu einem Energieverlust führt.
- Die Reinigung der Wohnung ist eine endlose Aufgabe, sodass sie ebenfalls eine große Zermürbung verursacht.

Ständig müssen wir gegen unseren Willen mit Leuten sprechen, die uns unsympathisch und abstoßend vorkommen, Besorgungen an schäbigen oder deprimierenden Orten erledigen, an lästigen und ärgerlichen Sitzungen teilnehmen oder mit dummen Menschen verhandeln, die uns bedrücken oder quälen. *All dies raubt uns unsere Energie und kann uns letzten Endes erschöpfen.*

Wenn wir die Idee nun bereits richtig erfasst haben, können wir das Gesetz des Energieverlustes formulieren:

„**Alles, was wir widerwillig, unzufrieden, ohne den Wunsch zu seiner Durchführung oder in ungeschickter, unaufmerksamer oder nachlässiger Weise tun, führt zu unserer energetischen Entladung.**"

Und umgekehrt:
„**Alles, was wir mit Zufriedenheit, Genauigkeit, Freude, Begeisterung, innerem Engagement und hoher Konzentration durchführen, füllt uns mit Energie.**"

Wer an diesen Gesetzen zweifelt, kann sie unschwer durch seine eigene Erfahrung und durch Beobachtung seiner Nächsten bestätigt finden.

Welche Menschen sind meist im energetischen Sinne am schwächsten?

Nun, es handelt sich um ungeduldige, wütende, reizbare, traurige, nachlässige, disziplinlose, träge, träumerische, nachtragende, neidische oder verantwortungslose Menschen.

Wir müssen bestimmen, welche Tätigkeiten notwendig oder unverzichtbar sind, weil wir zu ihnen verpflichtet sind oder weil es sich um Aufgaben in Verbindung mit Arbeit, Gesellschaft oder Familie handelt. Dabei sollten wir jedoch nicht vergessen, dass es zuweilen Menschen gibt, die uns durch Manipulation zu Aktivitäten verpflichten wollen, an denen wir nicht teilnehmen wollen oder sollten.

Am wichtigsten ist eine klare Vorstellung davon, wann eine bestimmte Tätigkeit unverzichtbar ist. Dann müssen wir sie nämlich freudig und einwandfrei durchführen – auch wenn sie langweilig ist –, mit all unserer Energie, als würden wir eine Note dafür bekommen oder die Tätigkeit genießen.

Um zu dem Beispiel mit dem Aktenkoffer zurückzukommen, der auf die Straße fällt und – trotz des inneren Widerstandes dagegen, der einen Energieverlust verursacht – aufgehoben werden muss, möchte ich auf Folgendes hinweisen: Es ist nicht nur gut möglich, den Energieverlust zu vermeiden, sondern wir können auch *die Widrigkeit nutzen, um die eigene Energie zu steigern und zu potenzieren.*

Zunächst einmal zehren Probleme von unserer Energie, aber diese Situation kann umgekehrt werden, sodass wir selbst unsere Konflikte und Widrigkeiten verschlingen und damit unsere Energie potenzieren.

Nach meiner Überzeugung ist jede Schwierigkeit eine potenzielle Energiequelle, zu deren Erschließung eine stets richtige innere Haltung erforderlich ist. Wenn wir dieses Gesetz kennen, werden die Hindernisse auf unserem Weg uns nicht schwächen, sondern im Gegenteil zu unserem Wachstum und unserer Stärkung beitragen.

Wie können wir von den Schwierigkeiten profitieren?

Indem wir innere Ruhe und Stabilität bewahren. Normalerweise werden wir von unseren Problemen „emotional gebrochen", vor allem dann, wenn sie gravierend sind oder unerwartet kommen. In diesem Fall können sie uns schweren Schaden zufügen. Wenn es uns aber gelingt, einen gewissen Zustand innerer Unbeirrtheit aufrechtzuerhalten, so werden wir auch eine gewisse Kontrolle über unsere Umgebung erlangen.

Alles im Leben ist Kampf: Der Tod kämpft gegen das Leben, die Krankheit gegen die Gesundheit, das Böse gegen das Gute, das Alter gegen die Jugend; Unternehmen und Menschen stehen miteinander im Wettbewerb. Schließlich überlebt der Tüchtigste, also derjenige, der die längste Zeit und mit der höchsten Effizienz das richtige Gleichgewicht und die Einheit in seinem Inneren aufrechtzuerhalten vermag.

Von zwei Mitbewerbern oder Gegnern gewinnt im Allgemeinen derjenige, dem die emotionale Destabilisierung des anderen gelingt, während er selbst die Kontrolle behält.

Ich erinnere mich daran, dass der Boxer Cassius Clay, Weltmeister im Schwergewicht, mit großem Erfolg die Strategie anwendete, seinen Gegner vor und während des Kampfes zu necken und zu provozieren, womit er ihn emotional schwächte, um seine Abwehr zu durchbrechen.

Diese Selbstkontrolle erlaubte es ihm, den Gegner „energetisch zu absorbieren", um ihn während des Kampfes nach Belieben manipulieren zu können.

Eines sollten wir uns also zutiefst einprägen: Wenn wir bei auftauchenden Problemen oder Hindernissen die Ruhe und das Gleichgewicht in unserem Inneren verlieren, so verleihen wir diesem Umstand die Macht, unsere Energie zu schwächen, uns straucheln zu lassen und uns zu schaden.

Damit uns wirklich ein Nachteil aus einem Konflikt erwächst, müssen wir unsere innere Erlaubnis dazu geben. Wenn wir diese aber verweigern, so werden wir eine enorme Steigerung unserer Möglichkeiten erfahren, den Konflikt richtig zu handhaben, ihn zu überwinden, ihn zu „verschlingen" und von ihm zu profitieren.

Natürlich erfordert die Anwendung dieser Technik einen disziplinierten Charakter, einen starken Willen und ein tiefes Verständnis der Prinzipien, nach denen sich die Erhaltung respektive der Verlust von Energie bei den Menschen richtet. Andernfalls bleibt es im Geiste des Lesers bei einem bloßen theoretischen Ratschlag.

Es handelt sich hierbei nicht einfach um eine Anleitung zur Entspannung oder zur Bewusstseinskontrolle: Vielmehr geht es um die richtige Verwaltung und den willensgesteuerten Umgang mit der eigenen Energie und um die Weise, in der diese Energie mit der Natur oder mit anderen Menschen interagiert, um eine geeignete körperliche und psychische Homöostase zu erhalten.

Der Organismus ist ständig physischen und psychischen Angriffen ausgesetzt, von denen einige aus der Umgebung stammen. Andere sind selbstinduziert, darunter Krankheiten, Vergiftungen, Viren und Bakterien oder psychische Störungen wie Zustände von Bedrückung, Stress, Widrigkeiten, Enttäuschungen, Kummer, Furcht, Angstzustände, negative Gedanken oder destruktive Gefühle (Schuld, Ressentiment, Neid, Eifersucht, Hass, Selbstmitleid und viele andere mehr).

Diese Angriffe führen allmählich zu einer Schwächung der körperlichen Organisation unserer biologischen und psychischen Systeme, die ihre harmonische Struktur nach und nach einbüßen. Es geschieht mit uns dasselbe wie mit einem Orchester, wenn dessen Dirigent in seinen Fähigkeiten immer schwächer würde, sodass es auf einmal falsch spielte.

Im Grunde handelt es sich hierbei um das Altern und um den körperlichen Verfall: Die Organe verlieren ihre harmonische und richtige Kommunikation miteinander, weil den Zellen die in einem stabilen, bewussten und reifen „höheren Ich" zentralisierte Führung fehlt. Wenn wir das Richtige tun, können wir die Probleme der körperlichen Alterung in gewissem Maße verzögern oder mildern.

XIII

Aufrechterhaltung des Ich
zur Bewahrung und Steigerung der Energie

Begründung

Anders als die Tiere verfügt der Mensch über die Fähigkeit zum Bewusstsein seiner selbst, die jedoch nur in latentem Zustand gegeben ist und daher durch innere Arbeit entwickelt werden muss.

Im Alltag hindern unsere Automatismen uns daran, zu einem Bewusstsein von uns selbst zu gelangen, wobei diese Erfahrung sich allerdings gelegentlich, für kurze Zeit und unabhängig vom Willen einstellt. So zum Beispiel wenn wir uns schämen, uns beobachtet fühlen oder eine bestimmte Prüfung ablegen müssen.

Was unser Ich betrifft, sind unserem Bewusstsein sechs verschiedene Zustände möglich:

1. Wachheit (nur ein paar außergewöhnliche Wesen)
2. bestimmter Grad an Selbstbewusstheit (äußerst wenige)
3. Halbschlaf (die überwältigende Mehrheit)
4. geistiger Schlaf
5. körperlicher Schlaf
6. Hypnose

Ein hoher Wachheitsgrad gründet auf der Fähigkeit eines Individuums, sein Ich „zurückzuhalten", ohne es aufgrund äußerer

Reize oder innerer Schwankungen zu verlieren. Dieser Zustand entspricht der Beständigkeit eines „selbstreferenziellen Ich", das sich zum „König der inneren Welt" krönt und dadurch eine ununterbrochene Luzidität erwirbt. Er ist nur durch lange und geduldige innere Arbeit zu erreichen.

Der zweite Zustand (bestimmter Grad an Selbstbewusstheit) bezieht sich auf diejenigen, die bereits eine gewisse Ebene der Wachheit erreicht haben.

„Zustand des Halbschlafs", wie sich die von der überwältigenden Mehrheit der Menschen erfahrene Situation nennt, ist meines Erachtens beinahe noch eine schmeichelhafte Bezeichnung, da sie eine Mischung aus Wachen und Schlafen bezeichnet, während der wirkliche Grad der Wachsamkeit minimal ist und der überaus größte Teil der Wahrnehmungen „subliminalen" (unter der Bewusstseinsschwelle liegenden) Charakters ist. Eigentlich handelt es sich um ein „Schlafen mit offenen Augen". Diese Ebene kennzeichnet sich durch die Abwesenheit einer wahren Selbstbewusstheit und durch die kontinuierliche Identifikation des Ich mit externen und internen Reizen, ohne dass eine selbstreferenzielle Fähigkeit vorhanden wäre.

Bei einem gewissen Grad der Selbstbewusstheit identifiziert sich das Ich weniger leicht mit externen Reizen. Dieser Zustand entspricht einer beginnenden und schwankenden Wachheit, die also eine Stunde, fünf Minuten oder einen Tag lang anhalten kann, ohne dass über den Zeitpunkt ihrer Wiederholung, die von der Qualität der individuellen inneren Arbeit abhängig ist, Gewissheit besteht.

Die Ebene des geistigen Schlafes folgt einem Verlust des Ich aufgrund von dessen Identifikation mit externen Reizen. Eine solche Verfassung führt zu keiner besonderen Beeinträchtigung der mechanischen Intelligenz, also desjenigen Teils im Gehirn, das für die Ausführung des eigenen Programms verantwortlich ist. Diese Neuronengruppe erfordert kein waches und wachsames Ich, weil sie automatisch aktiviert wird.

Im körperlichen Schlaf findet eine Abkoppelung von der materiellen Wirklichkeit statt, und es fehlt die Fähigkeit zu der Unterscheidung, ob ein Traum wirklich oder eingebildet ist.

Im Zustand der Hypnose ist ein völliger Verlust des Ich zu beobachten, und es ist vollkommen unmöglich, zwischen konkreter Wirklichkeit und Halluzinationen des Vorstellungsvermögens zu trennen.

Die Aufrechterhaltung des Ich üben

Die Übung besteht darin, einen Zustand der Selbstbewusstheit zu erreichen, der *in demselben Augenblick, in dem ein Problem, ein Hindernis oder sehr starke Reize auftreten, aufrechtzuerhalten ist*.

Es geht einfach darum, *daran zu denken, wer ich bin und dass ich mich jetzt hier befinde*, nur liegt die Schwierigkeit in dem Erfordernis, dies auch in solchen Situationen nicht zu vergessen, die einem im Allgemeinen „das Ich rauben", indem sie es mit dem äußeren Reiz identifizieren oder mit der ausgeübten Tätigkeit „verschmelzen" lassen.

1. Unerfreuliche Nachricht
2. Erfahrung verbaler oder körperlicher Aggression
3. Lärm
4. Fernsehen
5. Essen
6. Zuhören
7. Sprechen
8. Überraschende Ereignisse
9. Wirkung alkoholischer Getränke
10. Erfahrung von Schmeichelei oder Spott
11. Zeitunglesen
12. Werbung
13. Wut usw.

Allein wenn man sich eine Zeit lang selbst beobachtet, kommt man zu der Einsicht, dass jedes – im guten oder im schlechten Sinne – „durchschlagende" oder beeindruckende Erlebnis uns eine beträchtliche Menge an Energie entzieht, während es sich ereignet. Daher rührt die abendliche Müdigkeit nach einem Tag mit zu vielen Reizen.

Wir stehen ständig unter dem Einfluss der im Leben natürlichen Reize sowie derer der Werbung, die es zu ihrem höchsten Ziel hat, unsere Aufmerksamkeit einzunehmen. Durch die Identifikation mit dem Eindruck von Reklame oder Propaganda verlieren wir aber unser Ich.

Sätze, Bilder, das gesprochene Wort und eine besondere Art von Musik spinnen einen Kokon um uns herum, der unser Ich gefangen hält und es mit der Idee identifiziert, die in unseren Geist gelegt werden soll. Währenddessen ist unser Ich „abwesend"; unser Gehirn verweilt in einem Zustand höchster Leichtgläubigkeit und Suggestibilität, und die Fähigkeit zur Unterscheidung zwischen Rationalem, Instinktivem und Emotionalem setzt aus.

Wenn Sie sich der beschriebenen Situation einmal bewusst geworden sind, sollten Sie in aller Tiefe darüber nachdenken, was Ihnen eigentlich in diesem Mangelzustand des Ich widerfährt (in dem „Ihr Ich" seine kennzeichnende Identität verloren hat, um sich mit äußeren Reizen zu verschmelzen).

Zu Beginn wird Ihnen das Eingeständnis sehr schwer fallen, dass Sie jeden Tag Situationen der Entfremdung erleben, in denen Ihr gewöhnliches Ich verdunstet und durch ein „Gelegenheits-Ich" ersetzt wird, das nur „eines unter vielen" ist – Situationen also, in denen die zeitweise angenommenen Identitäten sich gegenseitig ablösen oder summieren. Die Erfahrung der eigenen Fremdheit und das Gefühl, „es sei etwas geschehen", das uns beunruhigt oder besorgt, sind Hinweise auf Episoden des „Ichverlustes".

KOSMISCHE WÄHRUNG

Allerdings muss ich anmerken, dass es sich bei diesen Phänomenen nicht um geistige Störungen pathologischer Art handelt. Die geistige Verschmelzung in großen Kollektiven wurde von Gustave Le Bon untersucht, der dafür die Bezeichnung „Phänomen der psychologischen Masse" prägte, in der nach seiner – von Freud geteilten – Meinung der höhere Teil unserer Rationalität verschwindet und durch die primitiveren Neigungen der Spezies ersetzt wird.

Es ist wohlgemerkt am allerwichtigsten, das „eigene Ich" niemals zu verlieren, da in diesem Fall der Grad der Wachsamkeit stark sinkt und der Geist in einen Zustand abergläubischer Arglosigkeit verfällt.

Folglich wird die wahrheitsgetreue Wahrnehmung der Wirklichkeit erheblich erschwert und durch einen Zustand dämmriger Einbildung verdrängt, in dem die Fähigkeit zu rationalem Urteilen ausbleibt.

Lieber Freund: Denken Sie daran, dass Ihre Wünsche, Vorsätze und Entscheidungen Sie also über einen scheinbar lichtvollen Weg in kognitive Finsternis führen können.

Die Erfüllung der eigenen Wünsche hat keinen Sinn, wenn Sie der Weisheit zu der Unterscheidung entbehren, wohin das „scheinbar Gute" und das „scheinbar Schlechte" Sie führen werden – ob in die Dunkelheit der Hölle oder in das Licht des Himmels.

Gewissheit kann in dieser Hinsicht nur durch die Weisheit eines höheren Bewusstseinszustandes erlangt werden. Dieser ist wiederum unerreichbar ohne einen wirklichen spirituellen Fortschritt, der weder der Einbildung noch dem Aberglauben verfällt und eine wahre individuelle Entwicklung bedeutet.

Die Begriffe des „inneren Reichtums" und der „kosmischen Währung" weisen den richtigen Weg zur Erlangung von Weisheit, Frieden und spirituellem Reichtum bei einer vernünftigen Menge an materiellen Gütern.

Es handelt sich hier aber nicht um einen Text, der auswendig gelernt werden sollte. Vielmehr ist es nötig, ihn „geistig zu verdauen", um seine Quintessenz aus ihm zu gewinnen. Ab diesem Augenblick wird es möglich, von dem Nutzen und den Vorteilen zu profitieren, die mit dem Text verbunden sind.

XIV

Logische und wissenschaftliche Begründung der Prinzipien dieses Werkes

Vor jeder weiteren Erwägung ist darauf hinzuweisen, dass es sich bei diesem Text nicht um ein Selbsthilfebuch handelt, das zu viel Geld oder zu einer wahllosen Verwirklichung der eigenen Wünsche verhelfen soll. Er führt nicht auf den Weg der listigen materialistischen Millionäre, sondern auf den Weg jener Menschen, die einen viel höheren und umfassenderen Reichtum anstreben, um zu innerer Erfüllung statt zu existenzieller Leere zu gelangen.

Der Überfluss an irdischem Geld ohne immanenten Wert ist als Ziel bedeutungslos im Vergleich mit der Erlangung „inneren Reichtums", der in einem seiner Aspekte auch den Besitz ausreichender materieller Güter ermöglicht.

Es hat keinen Nutzen, wirtschaftlich mächtig und zugleich menschlich unterentwickelt zu sein.

Wie viel ist ein Mensch wert? So viel er hat, oder so viel er ist? Der Besitz von Dingen führt offenkundig zu keinem höheren Wert eines Menschen. Wo liegt also der Ursprung dieses Wertes?

Im Sinne der gesellschaftlichen Wahrnehmung gilt ein Mensch für sein Image, also für ein „Phantom", denn ein Image, ein Bild ist nichts anderes als das: etwas, das in der Einbildung statt in der Wirklichkeit existiert und zudem einer „Eintagsblume" gleichkommt, die der Willkür von Marketing und Mode ausgesetzt ist.

Wenn wir einen Menschen nach dem bewerten wollen, was er ist, müssen wir uns unvermeidlich auf das „Sein" beziehen. Es wird als solches von einer Gesellschaft ignoriert, die sich an dem Schein erfreut, weil ihr die tiefe Wirklichkeit unbekannt ist. Das vergessene und wenig beachtete „Seins-Geschöpf" kann jedoch eine tiefe Entwicklung seiner Quintessenz durchlaufen und sich als der höchste im Universum mögliche Wert konstituieren.

Was ist vorzuziehen: als Millionär in irdischem Geld für ein paar Jahre relevant zu sein oder die höchste Achtung des Kosmos zu genießen und vielleicht energetische Unsterblichkeit zu erlangen?

Für die Zwecke dieser Erläuterung identifiziere ich „das Sein" mit dem eigenen Geist. Was ist das? Durchaus nichts metaphysisches, sondern nur ein Teilchen der Einheitsenergie des Universums, die sich als ihr höchster Ausdruck in unserem Körper inkarniert hat.

Statistisch gesehen normal ist es, dass das menschliche Individuum nach seinem Haben statt nach seinem Sein lebt und von der Persönlichkeit manipuliert wird. Diese versteht sich als System, das eine strikte Kontrolle über das Verhalten ausübt, um es in das vorherrschende gesellschaftliche Schema einzureihen.

Die Möglichkeit, in dem Sein, durch das Sein und für das Sein zu leben, ist dagegen gemäß den höchsten Gesetzen des Universums der Gipfelpunkt des Erfolges als menschliches Individuum und kann zu tiefstem Glück, Harmonie, Ordnung, Kohärenz und Weisheit führen. An wem liegt dieser Erfolg? Nur an Ihnen. Sie haben ein Teilchen göttlichen Lichts von Universum geerbt und sollten die nötige Wahrnehmungskraft für die Einsicht aufbringen, dass sich dort, gleichwohl in seinem minimalen quantitativen Ausdruck, „das Licht des Himmels" befindet, das wir „den Geist" oder „das Sein" nennen, und dass seine Pflege und Entwicklung Ihre heiligste Pflicht ist. Wenn es Ihnen gelingt, werden Sie die moralische und ausführende Autorität der Gerechten haben, um sich die materiellen und spirituellen Güter zu verschaffen, die Sie benötigen. Sie werden nicht irgendein Millionär ohne spirituelle Güter sein, sondern ein „umfassendes" und ausgeglichenes Individuum.

Der Besitz der „kosmischen Währung" wird es Ihnen ermöglichen, jede Art von Gütern zu „kaufen" oder gegen sie einzutauschen (X unsterbliche Einheiten IR für X materielle oder spirituelle Dinge). Um die Effektivität dieser Behauptungen zu erkennen, ist zum einen die allgemeine Auffassung unseres Daseins zu untersuchen; zum anderen das, was wir von unserem Dasein nicht wissen.

Die mechanische Sicht der Welt ist bekanntlich drei Persönlichkeiten geschuldet: Bacon, Descartes und Newton. Nach ihnen war herauszufinden, wie die universalen Gesetze auf die Menschen und die Gesellschaft angewendet werden konnten, was John Locke und Adam Smith übernahmen. Nach Lockes Behauptung ist in dem Eigeninteresse die einzige Grundlage für die Einrichtung des Staates und in der Negation der Natur der einzige Weg zum Glück zu sehen. Er galt als Verfechter materiellen Überflusses und unbegrenzter Expansion, und dieser Gedanke hat bis heute seine volle Gültigkeit behalten. Smith schuf den Begriff der „unsichtbaren Hand" als Naturgesetz, unter dem die wirtschaftlichen Prozesse stehen, und er ordnete alle menschlichen Wünsche der Verfolgung materiellen Überflusses zur Befriedigung physischer Bedürfnisse unter. Je höher der erreichte materielle Wohlstand, desto geordneter die Welt.

Bis heute verfolgt man mit hungrigem Eifer den Erwerb größtmöglichen materiellen Überflusses, ohne die Erschöpfung der natürlichen Ressourcen auf unserem Planeten zu berücksichtigen.

Zwischen Newton und dem Hadronen-Speicherring ist viel Zeit vergangen, und es ist Mode geworden, die Quantenphysik zur Rechtfertigung großer Wahrheiten heranzuziehen, während gebildete Ignoranten sie ebenfalls verwenden, um kindische Torheiten zu untermauern.

Offenkundig sind zahlreiche und eindrucksvolle wissenschaftliche Theorien entstanden, obwohl manche leider gut „aus Disneys

Welt" stammen könnten. Dies geschieht, weil die Wissenschaft am schwächsten darin entwickelt ist, die kognitive Qualität ihrer eigenen Forscher – im Sinne einer zuverlässigen Wahrnehmung der Wirklichkeit und eines höheren Urteilsvermögens – zu bestimmen und zu kontrollieren. Wer garantiert in der Tat die Qualität des Erkenntnisinstruments bei einem Individuum? Handelt es sich um einen Weisen oder nur um einen Roboter mit ungeheurem Festplattenspeicher? Wie dem auch sei, es gibt zur Zeit keine Möglichkeit zu dieser Überprüfung; Wissenschaftler sind, wie jeder andere Mensch auch, einem breiten Spektrum an Wahrnehmungsstörungen ausgesetzt, die ihre Sicht der Wirklichkeit verfälschen oder verzerren können.

Überlegen wir einen Augenblick, ob wir einer Laboranalyse trauen würden, die mit schlecht eingestellten, ungeeigneten oder beschädigten Instrumenten oder Mikroskopen vorgenommen worden wäre: keineswegs. Aber wir vertrauen den wissenschaftlichen Beobachtungen von Geistern, deren Wahrnehmungsinstrument der Sicherheit einer getreuen Sicht der Wirklichkeit in dem Sinne entbehrt, dass geistige, psychologische oder emotionale Verzerrungen nicht auszuschließen sind. Die Optik des Gehirns wird im Gegenteil sehr wohl von Verzerrungen und unsichtbaren Störungen beeinträchtigt, durch welche die Reinheit und Größenordnung der Wahrnehmung verdorben wird: Komplexe, Neid, verborgene Wut, Narzissmus, Streben nach persönlicher Macht, Zerstückelung, mangelhaftes Wachsein. Mit anderen Worten: Geister mit verschiedenen Wahrnehmungsverzerrungen verbürgen sich für verschiedene Theorien und Paradigmen, durch die eine allgemeine Sicht unseres Daseins gebildet werden soll.

Wir gehen davon aus, dass die Welt mit Riesenschritten fortschreitet und immer geordneter wird. Gemäß dem Gesetz der Entropie sind jedoch Unordnung und Chaos immer verbreiteter, sodass kleine Inseln der Ordnung inmitten von Ozeanen der Ordnungslosigkeit zu beobachten sind (Jeremy Riffikin).

Kosmische Währung

Die explizite Ordnung im Leben wird akzeptiert, aber die Gebote der (von David Bohm so bezeichneten) impliziten Ordnung bleiben unerkannt.

Unser alltägliches Dasein richtet sich nach den Normen der expliziten Ordnung, und der Mensch verkennt oder leugnet andere, höhere Begriffe, wie jene, die ich in diesem Buch vorstelle.

Eigentlich haben alle Übel der Welt ihre einzige Ursache in dem kognitiven Elend des Menschen, was tiefere Wirklichkeiten als die explizite betrifft.

Wir sind davon überzeugt, dass die Natur existiert, um uns zu dienen, und dass sie unseren eigenen Launen unterworfen werden sollte.

Dieser bedeutungslose ehrgeizige Affe also, der im Weltall verloren auf einem mikroskopischen Planetenkörper namens „Erde" lebt, maßt es sich an, der Natur in den Arm zu fallen und sie den eigenen Absichten unterzuordnen, ohne die höhere Ordnung des Universums zu respektieren.

Um diese Ungeheuerlichkeit zu tarnen, hat er eine neue Version der Wunderlampe des Aladin erfunden, in welcher der Geist durch „das Feld des Universums" ersetzt wird, bei dem man sich nur ein oder mehrere Dinge zu wünschen braucht, um sie sofort zu bekommen.

Die große Tragödie des Menschen ist sein fantasiehaftes Dasein, denn durch sein Unwissen bezüglich dessen, was das Leben in Wahrheit ist, wähnt er sich dazu berechtigt, willkürlich statt bewusst zu handeln. Das Wörterbuch der Königlichen Spanischen Akademie definiert „Willkür" („arbitrio") als: „Wille, der nicht von Vernunft bestimmt wird, sondern von Gelüsten oder Launen".

Ein epidemischer Infantilismus zeigt sich in dem Ansinnen, alles der eigenen Laune unterwerfen zu wollen, ohne die Gebote der Ordnung und Kohärenz im Universum zu achten, als gehöre der Planet Erde nicht zu dem „Ganzen" sondern zu einer Parallelwelt, deren Gesetze durch den Menschen manipuliert werden könnten. Paradoxerweise werden die Wünsche dann unter Anrufung eines

„universalen Feldes" geäußert, dessen Gesetze weder bekannt sind noch befolgt werden.

Wahrscheinlich ist aus den genannten Gründen der Begriff der Magie oder der Wundertätigkeit als etwas entstanden, das über den Gesetzen des Universums steht. Es ist dagegen zu begreifen, dass das Universum durch ein einziges willkürliches Ereignis zerstört werden könnte, wenn nicht diese Ordnungsverletzung durch die Anpassungen ausgeglichen würde, die einem instabilen Gleichgewicht eigen sind.

Könnten die Kriege und „natürlichen" Katastrophen auf unserem Planeten einfach Anpassungen oder Kompensationen zur Erhaltung eines akzeptablen Grades von Ordnung und Kohärenz darstellen? So etwas wie Strafen für die Übertretung des natürlichen Gesetzes oder wie die Steuern, die wegen Umweltverschmutzung erhoben werden? Oder eine Art kosmischer Entschädigungsgutscheine?

Es ist viel von globaler Erwärmung, aber sehr wenig von der massiven „zerebralen Erwärmung" gesprochen worden, die der enormen Menge an täglich produziertem „Informationsmüll" folgt und eine derart gravierende geistige Verstopfung hervorgerufen hat, dass wir nicht einfach uninformiert sind, sondern uns in kognitivem Elend befinden. Nach bestimmten Schätzungen haben wir rund 100 Milliarden Neuronen und 100 Billionen Synapsen. Der allgemeine Informationsüberschuss führt zu einer galoppierenden Entropie, die unsere Welt in die Vernichtung führen kann. Nur im Bereich der Wissenschaft werden rund 65.000 wissenschaftliche Ideen pro Monat erzeugt, die 15 Jahre zu ihrer Verarbeitung benötigen, kaum bekannt werden und eine ungeheure Menge an informatischem Müll verursachen, indem sie wahllos kopiert und daraufhin entstellt werden, um verschiedensten persönlichen Theorien oder Neigungen als Rechtfertigung zu dienen.

Subliminale Werbebotschaften sind Träger unermesslicher Mengen informatischer Entropie, da sie lebloser „Müll" ohne jeden kognitiven Nutzen sind, der ein totes Gewicht für das Gehirn darstellt und, schlimmer noch, nicht abgebaut oder vernichtet werden kann, da das Unbewusste niemals vergisst.

Wie groß ist die zerebrale Mülldeponie eines typischen Informationskonsumenten?

Wann ist Information subliminal? Zunächst einmal dann, wenn sie mit der Absicht hergestellt wird, das Unbewusste zu erreichen; zweitens, wenn das Individuum in einem Zustand der Trance oder des Halbschlafs durch das Leben geht und dabei jeder kognitiven Qualität entbehrt, wie es bei der erdrückenden Mehrheit der Menschen der Fall ist.

Die funktionelle Beeinträchtigung der Wahrnehmung durch den geistigen Zustand sinnlicher und informatischer Betäubung ist eine „weiße" Krankheit, die nicht erkannt wird, weil diejenigen, die sie erkennen sollten, ebenfalls von ihr betroffen sind. Ebenso gut könnte man erwarten, dass ein ins Meer geworfener Stein schwimmen könnte, wenn er nur von einem ähnlichen Stein getragen würde. Höchst unwahrscheinlich, aber vielleicht nicht unmöglich. Dazu kommt auch die vernichtende Wirkung einer durch wiederholendes Auswendiglernen beeinträchtigten Aufmerksamkeit.

Meines Erachtens leben wir auf gewisse Weise in einer von offenen und verdeckten, absichtlichen und gutwilligen Lügen verfälschten Welt, und die Menschen nehmen schließlich eine allgemeine Skepsis und Ungläubigkeit an. Die gesellschaftlichen Ikonen der Vollkommenheit, der Tugend und des Glaubens werden allerorts gestürzt und das Individuum weiß nicht mehr, welchen Anteil Lüge und Wahrheit an der Welt haben. Häufiger als gewünscht kommt es leider vor, dass in vielen Bereichen der menschlichen Tätigkeit das Wahre bekämpft und das Falsche bereitwillig aufgenommen wird.

Wo liegt die Lösung hierfür? In der individuellen Entwicklung des signifikativen Vermögens, das nicht angeboren ist, aber in latentem Zustand existiert. Allerdings werden diese Themen mit Sicherheit kaum das Interesse von Gehirnen genießen, die mit nicht signifikativer, also unbedeutender Information gewaschen worden sind.

Der Hauptarm dieses Verfalls ist ohne jeden Zweifel das Internet, wo jede Veröffentlichung wahllos aufgenommen wird, sodass im Bereich der geistigen Gesundheit das Netz nur für verständige und gelehrte Menschen (die es gar nicht benötigen) zu empfehlen ist, während die anderen (die überwältigende Mehrheit) des für die Unterscheidung zwischen Müll und wertvoller Information nötigen Urteilsvermögens entbehren. Der informatische Müll verbreitet sich auf skandalöse Weise in der Welt; er nimmt naive Gehirne in seinen Besitz, die sie nicht als solche erkennen und sie überstürzt kopieren und massiv weiterverbreiten, um sich wichtig vorzukommen. Dabei fügt jeder seine eigene Sicht der ursprünglichen Version hinzu, sodass nach mehreren Kopiervorgängen die Entropie, das Chaos und die Fragmentierung erheblich ansteigen, was auch den Toxizitätsgrad der Information erhöht.

Die genannte Information ist „leer", hat also keine Bedeutung in sich selbst, weil sie erst vom Gehirn entschlüsselt wird. Dafür bedarf es jedoch eines Rückgriffes auf die Sprache, die der Interpretation durch den Sender (den Sprechenden, Schreibenden oder Übergebenden) sowie durch den Hörenden, Lesenden, Sehenden oder Empfangenden unterliegt. Dieser Prozess führt nicht zu einem tiefen Begreifen, sondern zu einer Ansammlung großer Mengen kognitiver „Insignifikanz" auf der Festplatte des Gehirns sowie zu einer Entfernung von der tiefen Wirklichkeit und dadurch zu einer Negation der Bewusstseinsentwicklung.

Hiermit möchte ich sagen, dass die Menschen über kein Vermögen zu tiefem Urteilen verfügen, weil diese Fähigkeit dem Menschen nicht durch Geburt eignet und nur in latentem Zustand zu beobachten ist.

Unsere Wirklichkeit ist also ein undurchdringliches Gewirr aus großen und kleinen Vorstellungen von Geschöpfen, die in einem Zustand des Halbschlafs leben und inmitten des dichten Nebels ihrer willkürlichen Wahrnehmungen, Einbildungen und abergläubischen Überzeugungen orientierungslos umherirren.

Freilich kann man hierzu argumentieren, dass eine solche Lage eben durch die wissenschaftliche Methode, die uns eine unumstößliche Wahrheit liefert, vermieden werden kann.

Wer übernimmt dann aber die Verantwortung für die kognitive und emotionale Fehlbarkeit der Wissenschaftler in einer Welt, in der alles zu immer nur größerer Ordnungslosigkeit führt? Kann das Gehirn sich selbst erkennen?

Und wenn es das tut, kann es sich selbst auf unparteiische und objektive Weise analysieren?

XV

Der Mensch und das Universum

Alles im Universum steht in Wechselwirkung, aber auf verschiedenen Ebenen der Subtilität: von dem gröbsten Niveau bis zu dem Grad höchster Subtilität, den wir Gott oder „das Ganze" nennen. Wir gehen davon aus, dass die durch unsere Sinne wahrgenommenen Dinge wirklich sind, haben aber keine objektive Gewissheit hierüber.

Wie wollen wir die Wahrheit erkennen, wenn wir dafür nur ein trügerisches Gehirn haben, das uns ständig täuscht?

„Die vielleicht auffälligste aller Täuschungen des Gehirns ist das so genannte Bewusstsein als geistige Einheit. Die Forschung zeigt immer deutlicher, dass das Gehirn aus Hunderten von Modulen besteht, die auf eine entsprechende Anzahl von Anforderungen der Umwelt reagieren und sich im Laufe der menschlichen Evolution entwickelt haben. Diese Strukturen funktionieren – in den meisten Fällen – unbewusst. Das Modul, das dem von uns als ‚Selbst' oder ‚Ich' Aufgefassten entspricht und sich einbildet, alles unter seiner Kontrolle zu haben, unterliegt also einem eklatanten Irrtum." (Francisco J. Rubia: *El cerebro nos engaña,* Das Gehirn betrügt uns)

Ich frage mich, wie der Erforscher eines fragmentierten Gehirns ohne „Chef" es fertigbringt, seine Theorien und Forschungen erfolgreich durchzuführen.

So beginnen viele wissenschaftliche Theorien mit der am Ende stehenden Einbildung und nicht mit dem Anfang; sie wählen also das zu Beweisende und beginnen mit einer jahrelangen Anpassung der Forschungstätigkeit, bis sie zu einer scheinbaren Übereinstimmung gelangen. Handelt es sich aber um die Übereinstimmung mit einem Gehirn, das uns täuschen kann, oder um die mit einer echten Wirklichkeit? Zudem haben wir uns noch nicht gefragt, von welcher Wirklichkeitsebene wir in diesem Moment sprechen: von einer dreidimensionalen Welt oder von einer (zweidimensionalen) Welt der *Flächenländler*. Letztere Möglichkeit wird von dem Physiker Michio Kaku vertreten, in einem Kommentar zu dem 1884 von Edwin A. Abbott verfassten Roman *Flächenland*, dessen Handlung in einer zweidimensionalen Welt stattfindet. Die Figuren des Romans können unmöglich wahrnehmen, was sich einen Zentimeter über der Oberfläche ereignet (siehe Michio Kaku: *Im Paralleluniversum*).

Nun sind wir selbst, als Bewohner einer dreidimensionalen Welt, „Flächenländler" – im Verhältnis zu der vierten und zu den weiteren Dimensionen.

Ich erinnere mich an einen interessanten Ausspruch Einsteins: „Soweit sich die Gesetze der Mathematik auf die Wirklichkeit beziehen, sind sie nicht sicher; soweit sie sicher sind, beziehen sie sich nicht auf die Wirklichkeit."

Nach meiner Überzeugung drückt sich in dieser Aussage die Unsicherheit eines Wissens aus, das auf keine unverfälschte kognitive Wahrnehmung bauen kann. Wo liegt der Unterschied zwischen Wirklichkeit und Einbildung? Wie viele Ebenen der Wirklichkeit gibt es? Millionen relativer Wirklichkeiten, eine einzige absolute Wirklichkeit.

Es ist ebenso zu beachten, dass unser Begriff der Wirklichkeit sich mit den Jahren stetig ändert – nicht nur bei einzelnen Menschen, sondern auch bei der gesamten Menschheit und freilich beim Planeten Erde.

Wir werden niemals mit Bestimmtheit wissen können, auf welcher Wirklichkeitsebene wir unser Leben fristen, auch kann es ein einzelnes menschliches Individuum nicht wissen. Oft halten wir uns für Riesen und sind doch nichts als „Flächenländler".

Im Jahr 1968 stieß ein italienischer Physiker namens Gabriele Veneziano auf ein Buch, dass die *Gammafunktion* genannte Gleichung enthielt, mit der er sich die „starke Kernkraft" zu erklären hoffte. Dies war der erste Schritt in einer Forschungsarbeit, der sich andere Physiker anschlossen. Sie mussten die Unregelmäßigkeiten der so genannten *Weltformel* auflösen, und es gelang ihnen 1984 mit der Entstehung der *Stringtheorie*. Mit diesem Schema wurde der Versuch unternommen, alle grundlegenden Teilchen und Kräfte mit einer einheitlichen Theorie zu erklären, die Teilchen und Felder als Vibrationen von äußerst dünnen und *supersymmetrischen,* in einer Raumzeit von mehr als vier Dimensionen interagierenden Fäden modelliert.

Ich muss zugeben, dass ich mit meinem bescheidenen Wissen manchmal daran gedacht habe, das Phänomen des stellaren Transfers von „kosmischer Währung" durch einige Prinzipien der *Superstring*-Theorie zu erklären. Dies ist jedoch, wie ich feststellen musste, nicht möglich, denn es funktioniert nur in zehn Dimensionen. Man benötigt dagegen zwölf Dimensionen, wie in der viel umfassenderen Theorie von Heim, die ich weiter unten behandeln werde.

Unter „stellarem Transfer" ist das Phänomen zu verstehen, dass ein Individuum nach Ansammlung einer ausreichenden Menge an „Quintessenz maximalen Grades" (in ihrer höchsten Manifestation) diese als „kosmische Währung" gegen universale Werte entsprechenden Preises tauschen kann.

Es ist daran zu erinnern, dass der genannte Prozess nicht ein System zur Verwirklichung der eigenen Wünsche ist, sondern das Tor, das auf den Weg zu einem höheren Menschen führt. Dieser kann den „willkürlichen Menschen" durch den bewussten Menschen ersetzen, der zur Erschließung einer höheren Dimension des Daseins und also einer tieferen Wirklichkeit in der Lage ist.

Es genügt ein Blick auf die Nachrichten aus aller Welt, an einem beliebigen Tag der Woche, um zu verstehen, dass unser Verhalten weniger einem *„sapiens"* als einem Humanoiden entspricht.

Unsere vulgäre Oberflächlichkeit lässt uns die Verpackung mit dem Inhalt verwechseln. Wir denken, dass sich „in gleichen Verpackungen ähnliche Inhalte befinden", und schreiben daher wahllos jeder menschenförmigen Verpackung auch Menschlichkeit zu, um unmittelbar das Prinzip der Gleichheit mit Begeisterung aufzunehmen.

Die wichtigste Frage, die in diesem Zusammenhang zu stellen ist, lautet offenkundig: Was enthalten diese Verpackungen? Werden sie untersucht und mit dem Idealbild des Menschen konfrontiert, so wird eine deutliche „Schieflage" sichtbar, denn sie zeigen wildere Fähigkeiten zu Raub und Plünderung als die Tiere. Nur der *„Homo praedator"* ist in der Lage, das Leben auf unserem Planeten zu vernichten.

Wir sind es, die in unserer inneren Welt einen Evolutionsgrad gleich null aufweisen und von denselben Leidenschaften beherrscht werden, die uns seit Beginn unseres Daseins auf der Erde heimsuchen – wenn sie nicht sogar schlimmer geworden sind. Um diesen Eindruck zu bestätigen, können wir in der Geschichte der Antike und in heutigen Tageszeitungen lesen und dabei die Pfeile und Speere der Vergangenheit mit der heutigen Atomgefahr vergleichen.

Das Postulat des „inneren Reichtums" (IR) kann uns zu einer würdigen, mit unserer inneren Welt im Einklang stehenden Evolution führen. Das dadurch erworbene höhere Bewusstsein kann es uns ermöglichen, winzige Wahrheiten zu transzendieren, um zu kosmischen Wahrheiten zu gelangen.

Wenn das individuelle Bewusstsein wie üblich auf einem prekären Niveau verbleibt, so ist kein Zugang zur universalen Totalität möglich. Dies gilt ebenso für Intellektuelle, „Buchgelehrte" und Wissenschaftler, die von „schwebender" oder unfruchtbarer Information (ohne höhere signifikative Tiefe) besessen sind.

Ebenso gibt es glanzvolles Denken ohne tiefen Inhalt, während wirkliche Weisheit keines Pompes, Ruhmes oder Glanzes bedarf, um sich durchzusetzen.

XVI

Skalierung des Universums in 12 Dimensionen

Für eine umfassende Beschreibung des Kosmos und der Natur sowie des Menschen als Teil des Universums sind mehr als 3 Dimensionen nötig. Aus diesem Grund möchte ich die Arbeiten von Heim zitieren, der die *Allgemeine Relativitätstheorie* auf 12 Dimensionen erweitert hat.

KURZBIOGRAPHIE

Burkhard Heim, ein exzentrisches Genie
Deutscher Physiker (1925–2001)

Im Alter von 19 Jahren verlor er durch eine schwere Explosion beide Hände sowie beinahe jedes Seh- und Hörvermögen; er musste sich etwa 50 Operationen unterziehen. Mit beeindruckendem Willen und Charakter überwand er seine Behinderungen und zog sich zurück, um an einer *Weltformel* zu arbeiten, für deren Formulierung er 40 Jahre brauchte.

Seine Behinderung und körperliche Erscheinung erhöhten seine Einsamkeit immer mehr. Andererseits entwickelte er allerdings ein ungeheures akustisches Gedächtnis, sodass er eine Sprache in wenigen Tagen lernen konnte. Sein Werk umfasst circa 2.000 Seiten.

Nach seinem Tod versichert eine kleine Gruppe von Wissenschaftlern aus seiner Umgebung, die Arbeit an der Voraussage von Masse und Lebenszeit der Teilchen abgeschlossen zu haben. Der *Superstring-Theorie* ist dies nicht gelungen, sodass die Heimsche Theorie der Schlüssel zu einer *Weltformel* zu sein scheint.

Um sein Ziel einer Vereinigung der Quantentheorie und der Relativitätstheorie zu erreichen, entwickelte Heim eine mathematische Annäherung auf der Grundlage einer *Quantisierung* der Raumzeit. Er schlug die Existenz des „Metrons" als *Raumquantum* in Analogie zum *Photon* als *Energiequantum* vor.

Diese Theorie ermöglicht es, Gravitation und Elektromagnetismus zu beschreiben sowie Masse und Lebenszeit aller subatomarer Teilchen mit großer Genauigkeit zu berechnen. Dröscher, sein wichtigster Anhänger, erweiterte später die Dimensionen auf 12 und gelangte so zu einer Erklärung der starken und schwachen Kernkraft.

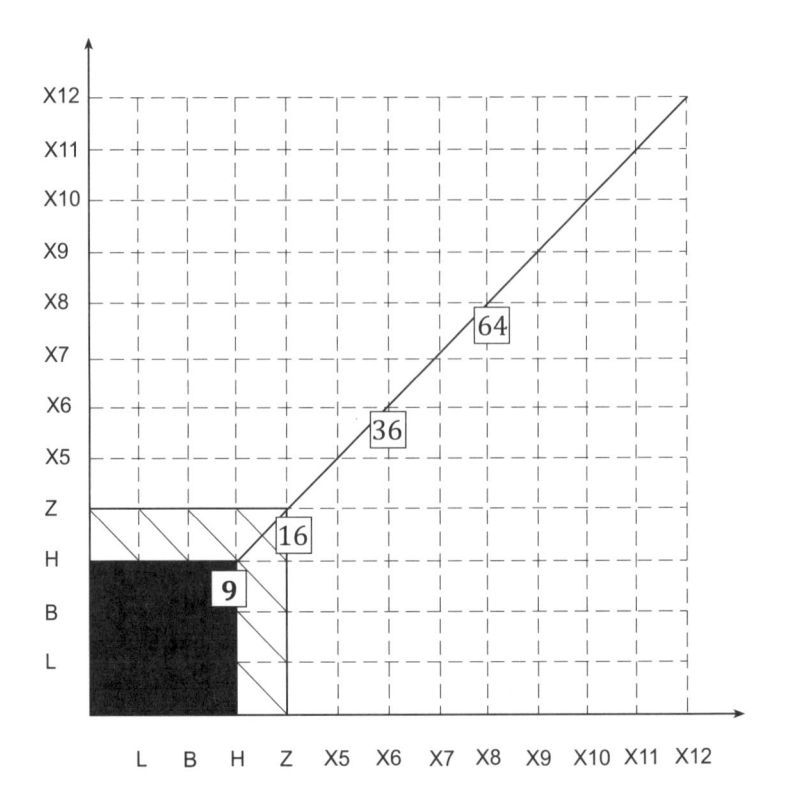

Abbildung 1

Kosmische Währung

Die heutige Menschheit gründet, physikalisch gesprochen, auf einer rein dreidimensionalen Wirklichkeit, was nur einen verschwindend kleinen Teil der gesamten Wirklichkeit darstellt (siehe oben, Abb. 1, Quadrat 9).

Nun möchte ich die Analyse des Biophysikers Wolfgang Ludwig erwähnen, wie sie in seinem Buch *Die erweiterte einheitliche Quantenfeldtheorie von Burkhard Heim* dargelegt ist.

KURZBIOGRAPHIE

Wolfgang Ludwig (1927–2004)

Geboren in Bautzen. Studium an bedeutenden deutschen Universitäten, Promotion in Physik, Chemie und Mathematik.

Wegen seiner herausragenden und bekannten Laufbahn gilt er nicht nur in Deutschland, sondern weltweit als Vater der Magnettherapie in der bioinformativen Medizin und als absolute Autorität in diesem Bereich. Er ist in der wissenschaftlichen Welt allgemein anerkannt, besonders unter seinen Kollegen aus der Biophysik, von denen Dr. Fritz Albert Popp ein herausragender Vertreter ist.

Dr. Ludwig ist Verfasser zahlreicher Publikationen und Bücher im Bereich der Teilchenphysik, insbesondere in Biophysik, bioinformativer Medizin und Magnetfeldtherapie. Er gründete das Institut für Biophysik in Tauberbischofsheim, das er bis zu seinem Tode leitete.

Tabelle 1 zeigt eine von Ludwig vorgenommene Analyse der verschiedenen Quantentheorien, die deren Fehler aufzeigt und die Heim-Drössersche Theorie als umfassend und fehlerfrei darstellt, da sie eine Beschreibung der Phänomene auf mikro- und makrokosmischer Ebene ermöglicht.

Tab. 1: Entwicklung der Quantenphysik

THEORIE	Erfasste WW	Fehler	Erfasste Dimens.
Newton	1	Lichtgeschwindigkeit	3
Wien	2	IR-Katastrophe	3
Rayleigh-Jeans	2	UV-Katastrophe	3
Planck	2	el.-magn. WW	3
Dicke	2		3
VEREINHEITLICHUNGSVERSUCHE:			
Einstein / Minkowski	1	Quantisierung	4
Kaluza-Klein	1+2	P E WW	4
Jordan	1	P E WW	5
Heisenberg	1+2	P E WW	4
Penrose	1+2	P E WW	8
Salam-Weinberg	2+3	P E WW	4
GUT	2–4	P E WW	4
Quantenchromodyn.	2+3	P E WW	4
Supergravitation	1–4	P E WW	11
Superstring-Theorie	1–4	E WW	10
Heim	1–4	WW	6
Dröscher / Heim	1–12	keine Fehler	12

P = Photon
E = Elektron
WW = Wesentliche Wechselwirkungen

1. *Schwerkraft*
2. Elektromagnetismus
3. schwache nukleare Wechselwirkung
4. starke nukleare Wechselwirkung

Tabelle 1

Kosmische Währung

Wie Einsteins Relativitätstheorie ist die Theorie von Heim geometrisch. Dies bedeutet, dass alle Kräfte als Veränderungen in der Struktur der Raumzeit interpretiert werden. In der allgemeinen Relativität ist die Raumzeit kontinuierlich, und die Gravitation wird als Krümmung dieser Raumzeit dargestellt. In der Heimschen Quantentheorie (HQT) hat die Raumzeit 12 Dimensionen (3 wirkliche und 9 imaginäre) und ist *quantisiert*. Diese Raumzeit ist wie ein Gitter, bestehend aus *Metronen* als minimalen Flächeneinheiten von ca. 10^{-70} m². Nach Heim wäre in einem rein euklidischen, also flachen Universum keinerlei physikalisches Phänomen möglich. Alle Kräfte werden also durch Veränderungen in der Geometrie des Universums verursacht. Durch die Übertragung der *Quantisierung* auf die subatomare Ebene wurde schließlich eine einheitliche Theorie möglich.

In seiner Theorie behauptet Heim, dass die Materie oder die materielle Welt der sichtbare Ausdruck einer impliziten Ordnung ist, die sich in höheren Dimensionen befindet. Heim beschreibt uns eine Welt, in der die Energie (Teilchen ohne Masse) vorherrscht, sowie die Weise, in der diese „immaterielle Welt" unsere physische materielle Wirklichkeit hervorbringt.

Die Evolution des Kosmos ist von den Prozessen des Lebens nicht zu trennen; sie ist dem Kosmos und allen Lebewesen gemeinsam.

Abbildung 2 zeigt, wie der Mensch in zwei verschiedenen, aber einander ergänzenden dimensionalen Räumen gleichzeitig lebt: zum einen im expliziten Minkowski-Raum, der aus 6 Dimensionen besteht und unserer physischen Realität entspricht, zum anderen im impliziten Kosyrew-Raum, der sich aus 6 immateriellen Dimensionen zusammensetzt.

Minkowski-Raum

Explizite Wirklichkeit

Raum mit Masse und Energie

1. bis 6. Dimension
Materie

Kosyrew-Raum

Implizite Information

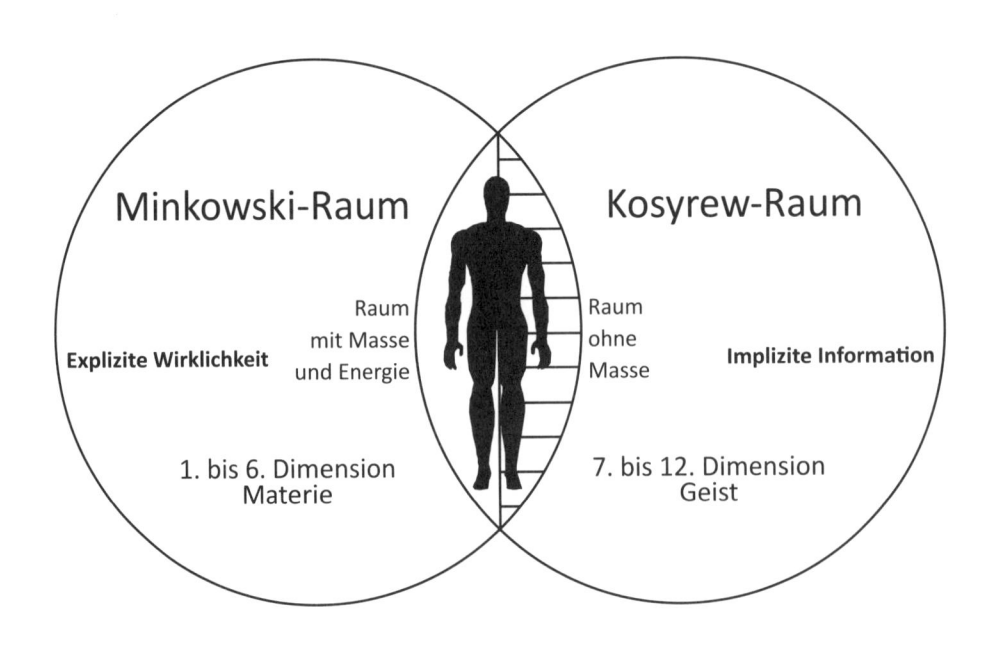

Raum ohne Masse

7. bis 12. Dimension
Geist

Abbildung 2

Im Laufe dieser Erläuterung wird näher auf die Bedeutungen der einzelnen Dimensionen sowie auf die Art der Wechselwirkung zwischen den Feldern eingegangen. Die Natur als Ganzes wird dadurch auf der Grundlage dieser Heimschen Quantentheorie verständlich.

KOSMISCHE WÄHRUNG

Zum Verständnis des *quantisierten* Raumes von Heim ist es nötig, auf die Theorie von Max Planck zurückzugehen, nach der die Strahlung eines schwarzen Körpers in Form von Quanten abgegeben wird. Diese Quanten sind minimale Energieeinheiten und proportional zu *hf*, wobei *h* die Plancksche Konstante und *f* die Frequenz der Strahlung darstellt.

Das Universum von Heim besteht aus 12 Dimensionen und ist in Gittern aus *Metronen* mit *Spin* (Ausrichtung) strukturiert, wie in *Abbildung 3* veranschaulicht wird.

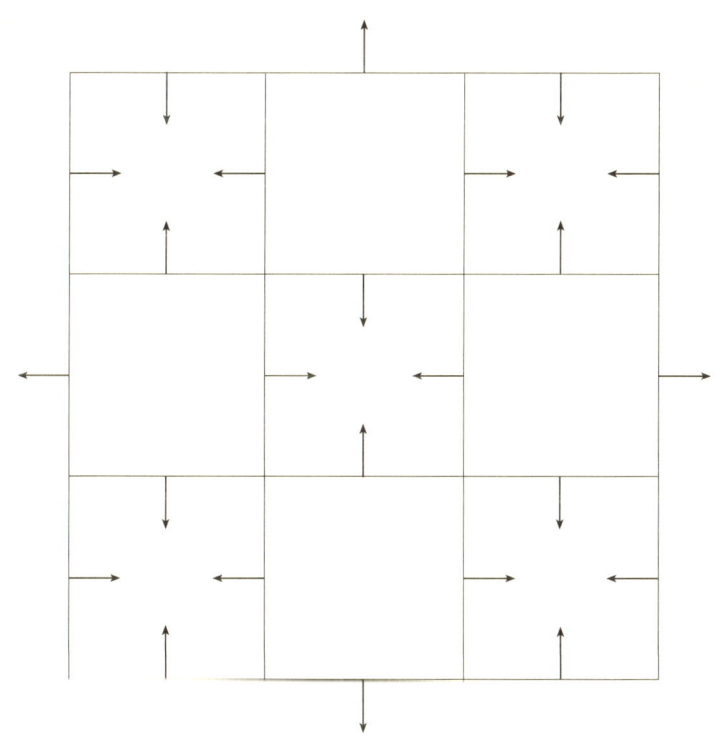

Abbildung 3

Diese Geometrisierung des Raumes kann als Gesamtheit von Kräften (Feldern) verstanden werden, die in einer ständigen Integration und Desintegration von Materie miteinander interagieren. Das Phänomen lässt sich als Verformung – oder wie Heim es ausdrückte: Kondensation – des euklidischen Raumes verstehen, die durch den Raum an sich aufgrund der Wechselwirkung zwischen den *Metronen* erzeugt wird. Gleichzeitig verhält sich die Materie als sich bewegender kugelförmiger Wirbel; sie ist das Feld an sich. Sie besteht aus Masse, Energie und Information und entspricht lediglich 0,001 % der gesamten Wirklichkeit; der Rest sind Energieteilchen ohne Masse. Sichtbar werden die materiellen Gegenstände durch die Wechselwirkung zwischen den Feldern. 99,999 % ist Vakuum: ein dynamisches, mit virtuellen Teilchen gefülltes Vakuum, das gegenwärtig mit der dunklen Energie identifiziert wird.

Diese Theorie sagt die Existenz von zwei weiteren elementaren Kräften voraus, die als Quintessenz (dunkle Energie) bezeichnet werden. Die erste davon ähnelt der Gravitation, hat jedoch eine abstoßende und viel schwächere Wirkung; sie liegt der Ausdehnung des Universums zugrunde. Die andere Kraft ist die *gravitophotonische*, die es ermöglicht, elektromagnetische Felder in Gravitationsfelder umzuwandeln und umgekehrt.

Die Heimsche Theorie erklärt den Charakter der Elementarteilchen; sie lassen sich als geometrische Einheiten verstehen, die eine dynamische, in der Zeit veränderliche Struktur besitzen. Die Teilchen haben eine innere räumliche Struktur (Zonen), sind jedoch elementar in dem Sinne, dass sie sich nicht aus Unterteilchen zusammensetzen. Sie sind keine punktuellen Wesenheiten, sondern aus *Metronen* zusammengesetzt. Es gelang Heim, ihre Masse und Lebenszeit für einen *quantisierten* Raum aus 12 Dimensionen zu berechnen, wie in *Tabelle 2* (siehe unten) sichtbar wird.

Zusammenstellung einiger theoretischer Daten stabiler und metastabiler Elementarpartikel

Partikel	theoretische Quantenzahlen	strukturelle Bezugsziffern	theoretische Massen in *MeV*
e^-	$(1110)-1(0)$	0, 0, 0, 0	0,5109991
μ^-	$(1111)-1(0)$	11, 6, 11, 6	105,6586
$\pi^\pm$	$(1200)\pm 1(0)$	12, 9, 2, 3	139,5659
K^+	$(1101)+1(+1)$	17, 26, 30, 18	493,6634
π^0	$(1200)\ \ 0(0)$	12, 3, 6, 4	134,9616
K^0	$(1101)\ \ 0(+1)$	18, 5, 5, 2	497,6695
η	$(1000)\ \ 0(0)$	18, 22, 17, 16	548,8027
p	$(2110)+1(0)$	0, 0, 0, 0	938,2719
n	$(2110)\ \ 0(0)$	0, 0, -2, 17	939,5653
Λ	$(2010)\ \ 0(-1)$	1, 3, 0, -11	1115,592
Σ^+	$(2210)+1(-1)$	2, -7, -12, 13	1189,384
Σ^0	$(2210)\ \ 0(-1)$	2, -7, -14, -2	1192,437
Σ^-	$(2210)-1(-1)$	2, -6, -5, -10	1197,259
Ξ^0	$(2111)\ \ 0(-2)$	2, 6, -1, 6	1314,773
Ξ^-	$(2111)\ \ 1(\ 2)$	2, 7, 17, 1	1321,304
Ω^-	$(2030)-1(-3)$	4, 4, -2, 15	1672,361

Feinstrukturkonstante des Lichtes: $1/\alpha = 137{,}03598975343$
Elektrische Elementarladung: $e_\pm = \pm 1{,}6021773356 \cdot 10^{-19}\,As$.

Tabelle 2

Die *Bosonen* (Teilchen, welche die so genannte Bose-Einstein-Statistik erfüllen) bestehen aus *Photonen*, *Gluonen* und *Z-Bosonen*; sie wurden von Carlo Rubbia im Teilchenbeschleuniger des CERN nahe Genf gemessen. *Gravitonen* sind *Bosonen*.

In einem Interview betonte Rubbia, dass die Quanten-Wechselwirkungen viel wichtiger sind als die Materieteilchen, da sie die Struktur der Materie im Kosmos bestimmen und steuern. Heims Theorie **impliziert, dass die Teilchen** (ruhende Teilchen ohne Masse) **mindestens 100 Millionen Mal öfter „interagieren" als ein Materieteilchen** (ruhende Teilchen mit Masse). Dies entspricht den gemessenen Werten und soll in *Abbildung 4* veranschaulicht werden.

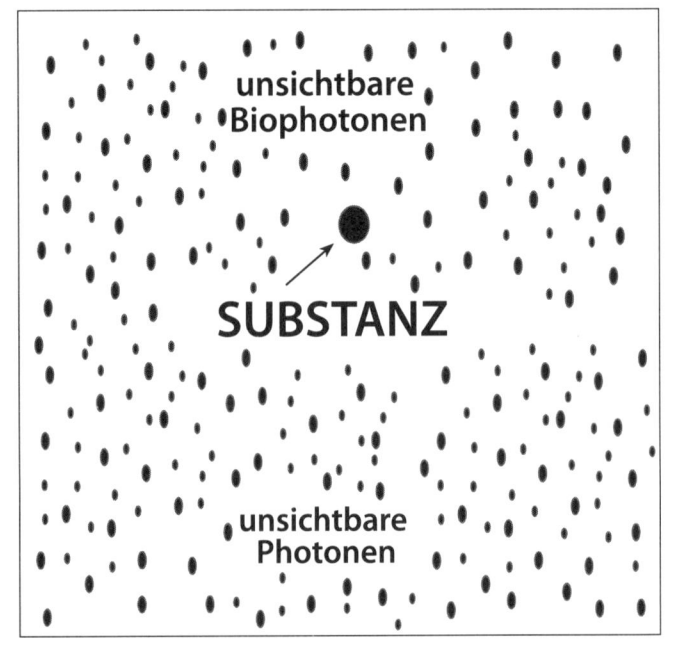

Abbildung 4

Ilya Prigogine drückte es auf singuläre Weise aus: „Wenn ich altere, ändern sich nicht meine Moleküle, sondern die Wechselwirkungsquanten."

Der menschliche Körper besteht hauptsächlich aus Quanten-Wechselwirkungen, die nun Wechselwirkungen zwischen *Biophotonen* genannt werden.

Die Heimschen Letzteinheiten sind in der folgenden Tabelle aufgezählt:

Die 27 Heimschen Letzteinheiten

6 Quarks + 6 Anti-Quarks

6 Leptonen (z.B. Elektronen) + 6 Antileptonen (z.B. Positronen)

3 Bosonen (Photonen, W- und Z-Bosonen)

Tabelle 3

Die 3 *Bosonen* sind im Kosmos viel zahlreicher und besitzen im Ruhezustand keine Masse. Wägbare Materie liegt nur in der Masse der *Quarks* und *Leptonen* genannten Teilchen. Die *Photonen* sind die universale Energie des Kosmos. Für Heim weist die Lösung seiner Gleichungen (sechsdimensionale Tensor-Matrix), die weiter unten erwähnt werden soll, auf die Existenz von vier Elementarteilchen hin, die in den verschiedenen Dimensionen wirken.

1. Teilchen mit elektrischer Ladung, 1. bis 6. Dimension
2. Neutrale Teilchen, 1., 2., 3., 5. und 6. Dimension
3. *Bosonen*, 4., 5. und 6. Dimension
4. *Gravitonen*, 5. und 6. Dimension

Die Schwerkraft besteht für Heim aus drei Wechselwirkungen:

1. *Gravitonen*
2. *Gravitophotonen*
3. Quintessenz-Teilchen

Im folgenden Schema werden die 12 Dimensionen sowie die in jeder von ihnen wirkenden Teilchen zusammengefasst.

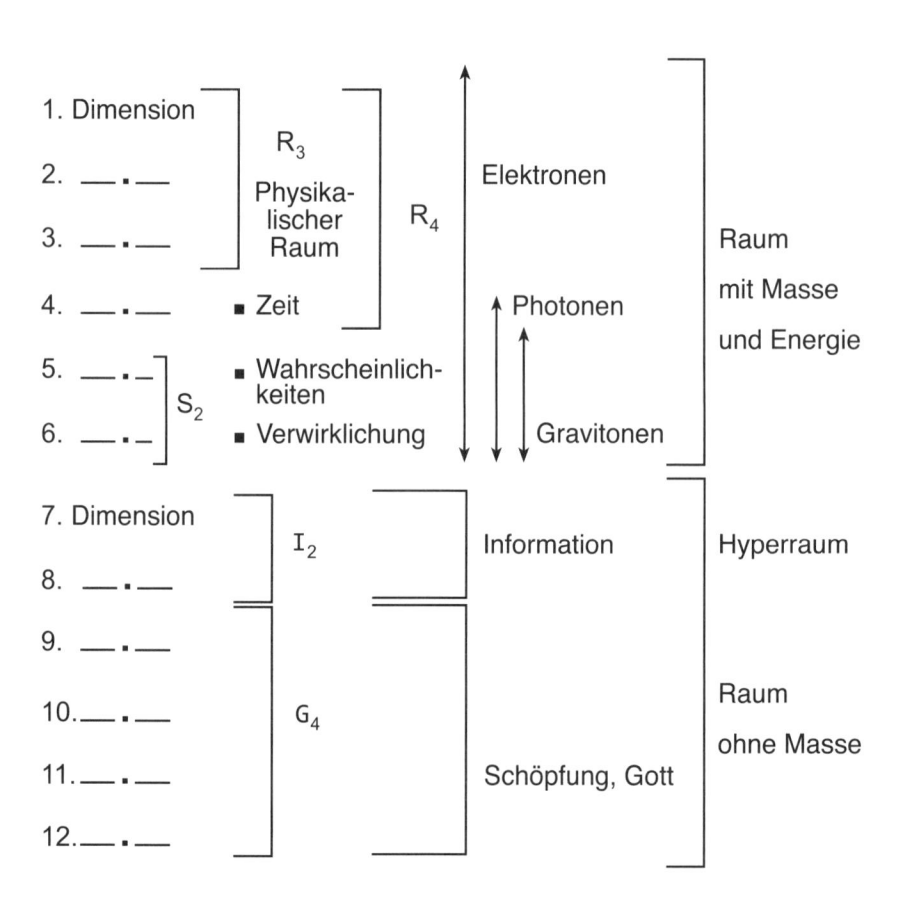

```
1. Dimension ⎤
2. ─ · ─      ⎬ R₃
              ⎥ Physika-           Elektronen
3. ─ · ─      ⎦ lischer    R₄                    Raum
                 Raum                             mit Masse
4. ─ · ─         ■ Zeit            Photonen       und Energie

5. ─ · ─ ⎤       ■ Wahrschein-
          ⎬ S₂    lichkeiten
6. ─ · ─ ⎦       ■ Verwirklichung  Gravitonen

7. Dimension ⎤
             ⎥ I₂                  Information   Hyperraum
8. ─ · ─     ⎦

9. ─ · ─

10. ─ · ─        G₄                              Raum
                                                  ohne Masse
11. ─ · ─                          Schöpfung, Gott

12. ─ · ─
```

KOSMISCHE WÄHRUNG

Die ersten sechs Dimensionen enthalten Masse und Energie; sie stellen unsere materielle Wirklichkeit dar. Die folgenden sechs Dimensionen sind immateriell, haben also keine Masse, bestimmen jedoch unsere materielle Wirklichkeit.

Die Dimensionen 1, 2 und 3 entsprechen der Höhe, der Breite und der Länge.

Dimension 4 entspricht der Zeit.

Die Dimensionen 5 und 6 sind mit Eigenschaften der Organisation materieller Strukturen verbunden.

Dimension 5 ist die entelechiale Koordinate, also ein Maß für die organisatorische oder strukturelle Variation eines Gegenstands in der Zeit. Sie ist das Gegenstück der Entropie; in ihr liegen alle Wahrscheinlichkeiten.

Dimension 6 ist die äonische Koordinate. Sie steuert die 5. Dimension und führt sie zu einer stabilen Dynamik. Jede Koordinate außerhalb der Raumzeit kann als Steuerungskoordinate gelten (siehe *Abbildung 5*).

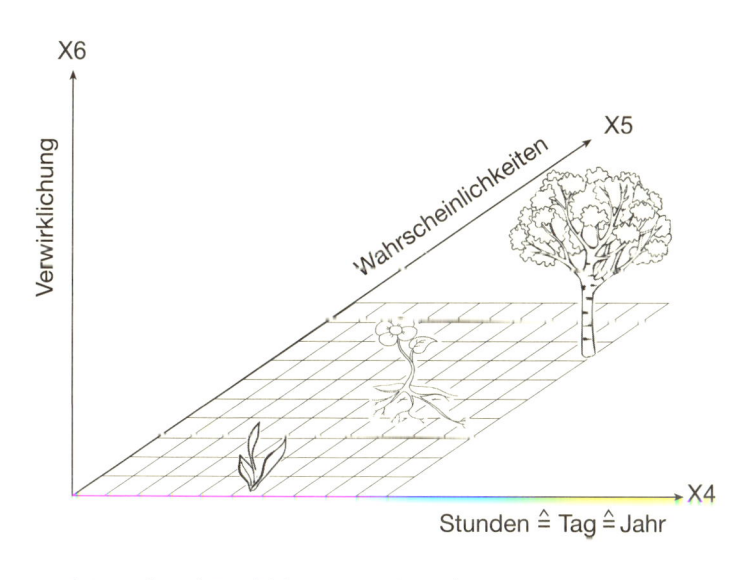

Interne imaginäre (nicht austauschbare) Koordinaten — Abbildung 5

In der Grafik wird als Beispiel eine Pflanze dargestellt: Das Samenkorn hat unendlich viele Entwicklungsmöglichkeiten, in Abhängigkeit von der Bodenbeschaffenheit und den Bedingungen, denen es unterliegt. Eine dieser Variablen kann bekanntlich dazu führen, dass aus dem Samenkorn im Laufe der Zeit ein Baum wird.

Die Dimensionen 7 und 8 stellen Information dar und können nur indirekt, durch ihre Wirkung auf die Lebewesen gemessen werden.

Sowohl die Koordinaten 5 und 6 als auch die Koordinaten 7 und 8 müssen gegeben sein, damit ein physikalisches Phänomen stattfinden kann.

Die Dimensionen 9, 10, 11 und 12 können als Energiefeld mit hohem Ordnungs- und Kohärenzgrad (implizite Ordnung) verstanden werden. Heim nannte sie „Reich der Ideen oder primordiale Energie", also die alles erzeugende Energie, die von manchen Physikern Gott genannt worden ist. Der Ursprung der Lebewesen wurde in G_4 vorbereitet und auf R_4 übertragen. Der Ursprung der Welt wird von dieser ersten Ordnung (G_4) gesteuert. Es gibt also für unseren Raum einen Anti-Raum; die Strukturen in G_4 manifestieren sich in R_4 als Überlagerungen und Wahrscheinlichkeitsfelder, von denen Materie und Energie gesteuert werden.

Um diese Wechselwirkungen zwischen den Feldern der verschiedenen Dimensionen zu verstehen, entwickelte Heim eine neue Mathematik, die er „Arithmetik des Metrons" nannte und in einer Tensor-Matrix von 6 × 6 Elementen ausdrückte (siehe *Tabelle 4* unten).

$$\bar{\bar{T}}_{ik} = \begin{array}{|ccc|ccc|}
T_{11} & T_{12} & T_{13} & T_{14} & 0 & 0 \\
T_{21} & T_{22} & T_{23} & T_{24} & 0 & 0 \\
T_{31} & T_{32} & T_{33} & T_{34} & 0 & 0 \\
\hline
T_{41} & T_{42} & T_{43} & T_{44} & T_{45} & T_{46} \\
0 & 0 & 0 & T_{54} & T_{55} & T_{56} \\
0 & 0 & 0 & T_{64} & T_{65} & T_{66}
\end{array}$$

Tabelle 4

Ein Tensor kann belegt werden, um die Verformung eines Körpers zu untersuchen. In diesem Fall verbindet Heim die Verformung des Raumes mit dem *Quanten*. Jeder Tensor hat zahlreiche Subtensoren, von denen jeder für die verschiedenen physikalischen Wechselwirkungen verantwortlich ist. Diese konstruierten Subtensoren des Heimschen *quantisierten* Raumes sind wiederum für alle physikalischen Wechselwirkungen in unserem Universum verantwortlich.

T_{11} bis T_{33} stellt den realen dreidimensionalen Raum (R_3) dar.

T_{55} bis T_{66} stellt die imaginären Transkoordinaten (S_2) dar.

T_{11} bis T_{44} stellt die vierdimensionale imaginäre Raumzeit dar.

$T_{45}, T_{46}, T_{54}, T_{64} + R_4 = R_6$ stellt sechs imaginäre Dimensionen dar.

Die materielle Welt wird also folgendermaßen dargestellt:

$R_6 (X_1.....X_6) = R_3 \cup T_1 \cup S_2$

Die Bestimmung des Hyperraums lautet:

$R_{12} = R_3 \cup T_1 \cup S_2 \cup I_2 \cup G_4$

Das Universum ist für Heim unbegrenzt, mathematisch gesprochen: $1/\infty \neq 0$. Für Heim wird $1/\infty$ durch einen Punkt dargestellt; das Universum zieht sich also in einem Punkt zusammen.

Bei einer Zeit $t = 0$ würde die Zeit nicht existieren, wohl aber ein einziger großer *Metron*, dessen Fläche das gesamte Universum umfassen würde.

Von Beginn des Universums bis in unsere Zeit hat sich die Größe des *Metrons* reduziert, während die Anzahl der *Metronen* gestiegen ist (durch unendliche Teilungen des ursprünglichen *Metrons*).

Um den Ursprung des Kosmos nach Heim besser zu verstehen, ist ein Rückgriff auf die vom Mathematiker Georg Cantor (1845–1918) formulierte *Mengenlehre* erforderlich.

Zunächst eine kurze Definition des Mengenbegriffs: Als Menge versteht sich die Zusammenstellung einiger wohl differenzierter Gegenstände unserer Intuition oder unseres Denkens – beispielsweise Zahlen, Eigenschaften usw. –, die als Elemente der Menge bezeichnet werden. Man unterscheidet zwischen Mengen zählbarer Größen (zum Beispiel die natürlichen Zahlen) und Mengen nicht zählbarer Größen (transzendente Zahlen, beispielsweise π).

Die *Mengenlehre* basiert auf sieben Axiomen, die in dieser Arbeit nicht thematisiert werden sollen.

Bei t größer als 0 in R_{12} trennte und isolierte R_4 sich von G_4. So entstanden die geordneten Strukturen (wie in der *Mengenlehre*). Bei Mengen mit chaotischer Zusammensetzung werden Beziehungen im Sinne von *Ordnungsrelationen* angewendet, um geordnete Mengen zu erhalten.

Das Problem der ursprünglichen Beschaffenheit des Universums wird durch *Quantisierung* gelöst.

Die Materie wurde erst später geschaffen, vor lediglich 15 Billionen Jahren.

Sie dehnte sich zunächst in R_{12} durch Teilung von *Metronen* aus, welche immer kleiner und zahlreicher wurden. Die Entstehung der Materie geht nicht auf den bekannten Urknall zurück, sondern vielmehr auf die von aufeinander folgenden Explosionen in R_3 erzeugte Energie.

Die Rotverschiebung des Spiralnebels erklärt sich nach Heim als Ergebnis des abstoßenden Gravitationspotenzials, nicht durch den Dopplereffekt.

Die Hintergrundstrahlung von 2,75 Grad Kelvin erklärt Heim als einen Teil der Materie, der sich in Strahlung umwandelt. Die Hintergrundstrahlung ist *anisotropisch* und folgt demnach nicht dem Planckschen Strahlungsgesetz. All dies spricht in gewissem Sinne gegen die Urknalltheorie, was auch zu einer gegensätzlichen Ansicht bezüglich des Alters von Welt und Universum führen würde.

Die Theorie von Heim zeigt uns eine andere, mit den gemessenen Werten und den kosmologischen Beobachtungen stimmigere Kosmologie.

Der Mensch ist Produkt und Teil des Universums; er ist das Universum an sich. Er lebt in ständiger Verbindung mit Materie- und Energiefeldern, die er nicht kontrolliert. Moduliert wird diese Wechselwirkung von seinem eigenen Geist – konstruktiv oder destruktiv, entsprechend seiner eigenen menschlichen Qualität. Es ist also festzuhalten: Wenn der Mensch durch mühsame Arbeit seine innere Welt entwickelt, wird er schließlich den lichtvollen Weg der multidimensionalen Welt begehen können, um sich in Harmonie mit der höchsten Intelligenz der kosmischen Ordnung zu vereinen.

Freilich muss zuvor die höchste Ebene der universalen Quintessenz vollkommene Anerkennung erfahren.

Literatur

Auerbach, T., von Ludwiger, Illobrand: „Heim's Theory of Elementary Particle Structures". In *Journal of Scientific Exploration*, Bd. 6 (1992), Nr. 3, S. 217–231.

Baines, John: *Hipsoconciencia*. Santiago de Chile: EuroAmérica Ediciones, 1989.

Bohm, David: *Die implizite Ordnung*. München: Dianus-Trikont-Buchverlag, 1985.

Concise Science Dictionary. Oxford: Oxford University Press, 1996.

Di Trocchio, Federico: *Der große Schwindel*. Reinbek bei Hamburg: Rowohlt-Taschenbuch-Verlag, 1999.

Dröscher, Walter, Häuser, Jochem: „Physical Principles of Advanced Space Propulsion Based on Heims's Field Theory". *38th AIAA/ASME/SAE/ASEE. Joint Propulsion Conference & Exhibits.* Indianapolis, Indiana, 7.–10. Juli 2002.

Dröscher, Walter, Häuser, Jochem: „Guidelines for a Space Propulsion Device Based on Heim's Quantum Theory". *40th AIAA/ASME/SAE/ASEE. Joint Propulsion Conference & Exhibits.* Fort Lauderdale, Florida, 11.–14. Juli 2004.

Heim, Burkhard: *Heim's Mass Formula (1982)*. Reproduction by Research Group Heim's Theory, IGW Innsbruck, 2002.

Kaku, Michio: *Im Paralleluniversum*. Reinbek bei Hamburg: Rowohlt-Taschenbuch-Verlag, 2005.

Köhler, Bodo: *Symmetropathie*. Freiburg: Medicus-Verlag, 1998.

Köhler, Bodo: Die *Grundlagen des Lebens*. Niebüll: Videel, 2001.

Ludwig, Wolfgang: *Die erweiterte einheitliche Quantenfeldtheorie von Burkhard Heim*. Innsbruck: Resch, 2002.

Pinker, Steven: *Das unbeschriebene Blatt*. Berlin: Berlin-Verlag, 2003.

Real Academia Española (Königliche Spanische Akademie): *Diccionario de la lengua española*. Madrid: Espasa-Calpe, 1992.

Rifkin, Jeremy: *Entropie.* Frankfurt a. M., Berlin: Ullstein, 1989.

Rubia, Francisco J.: *El cerebro nos engaña.* Madrid: Temas de Hoy, 2007.

Salas Sommer, Darío: *¿Cuánto vale una persona?* Santiago de Chile: Ediciones Cerro Manquehue, 2009.

Schrödinger, Erwin: *Was ist Leben?* München, Zürich: Piper, 1999.

Inhaltsverzeichnis

	Vorwort	7
I	Was ist das Leben?	9
II	Die Beschränkungen des Homo sapiens	35
III	Geistige Gesetze des „inneren Reichtums"	41
IV	Das signifikative Vermögen	51
V	Für bescheidene Menschen	75
VI	Erziehung des Willens	81
VII	Die Kraft des eigenen Wünschens und Begehrens	97
VIII	Die innere Erlaubnis	103
IX	Hauptbegriffe zur Entwicklung und Anwendung des „inneren Reichtums"	109
X	Die Handhabung der persönlichen Anstrengung zum Erwerb von Macht	119
XI	Herstellung von „innerem Reichtum" durch motorische Deliberation	127
XII	Vermehrung der eigenen Energie durch geistige Disziplin	139
XIII	Aufrechterhaltung des Ich zur Bewahrung und Steigerung der Energie	151
XIV	Logische und wissenschaftliche Begründung der Prinzipien dieses Werkes	157
XV	Der Mensch und das Universum	167
XVI	Skalierung des Universums in 12 Dimensionen	173
	Literatur	191

Darío Salas Sommer

Darío Salas Sommer wurde am 4. März 1935 in Santiago de Chile geboren. Als international anerkannter Philosoph, Forscher und Schriftsteller engagiert er sich seit über vier Jahrzehnten für den wahren Fortschritt der Menschheit und für die innere Entwicklung des Menschen.

Darío Salas Sommers Philosophie findet ihren Ausdruck in zwei Grundbegriffen: operative Philosophie und moralische Physik, denen die Botschaft „Erkenne dich selbst" zugrunde liegt. Seine Lehre will eine Methode bieten, die auf der Annahme und Achtung transzendentaler menschlicher Prinzipien und Werte gründet, um einen höheren Bewusstseinszustand, Wahrheit und dauerhaftes Glück zu erreichen.

Mit der moralischen Physik weist Darío Salas die unverzichtbare Notwendigkeit nach, einer höheren Moral und superlativen Werten zu folgen, durch die sich die höchsten menschlichen Fähigkeiten entwickeln, um Ungerechtigkeit, Gewalt, Ungleichheiten und den zahlreichen Übeln unserer Gesellschaft ein Ende zu bereiten.

Die operative Philosophie ist eine Technik der persönlichen Entwicklung, die Wissenschaft und Philosophie durch praktische Erfahrung vereint. Für den Autor liegt die beste Möglichkeit zur Optimierung der Welt darin, das menschliche Individuum graduell in ein höheres Wesen zu verwandeln, wofür die notwendigen Instrumente angeboten werden.

In seinen Büchern weist Salas den Weg zur Erkenntnis unseres eigentlichen Seins über die Entwicklung eines Überbewusstseins, das auf einer vertrauenswürdigen Wahrnehmung der Wirklichkeit gründet. Nach den von Salas Sommer gelehrten moralischen Werten oder Normen bemisst sich wahrer Erfolg nach dem Grad der spirituellen Vollkommenheit, nicht nach materiellen Gütern oder gesellschaftlichem Prestige.

Mehr über den Autor unter
www.dariosalas.com

*Der Druck dieses Buches wurde
im Juni 2013 abgeschlossen.*